내뱉고 후회하는 말버릇 바꾸기

YUMEWOKANAERU KUCHIGUSE NO SHINRIGAKU
© TOMIO SATOU 2014
Originally published in Japan in 2014 by KANKI PUBLISHING INC., TOKYO,
Korean translation rights arranged with KANKI PUBLISHING INC., TOKYO,
through TOHAN CORPORATION, TOKYO, and EntersKorea Co., Ltd., SEOUL.

이 책의 한국어판 저작권은 (주)엔터스코리아를 통한
저작권사의 독점 계약으로 나라원이 소유합니다.
신 저작권법에 의하여 한국 내에서 보호를 받는 저작물이므로
무단전재와 무단복제를 금합니다.

내뱉고 후회하는
말버릇 바꾸기

사토 도미오 지음 | 김정환 옮김

나라원

| 프롤로그 |

말하는 대로 살고 싶지 않다면 오늘부터 바꿔라

사람의 현재 모습은 그 사람의 말버릇이 만들어낸 결과물이다. 사람의 인생을 만들어내는 것은 본인의 사고방식이며, 사고방식을 만들어내는 것은 바로 말이다.

당신 자신의 말버릇을 한번 떠올려보기 바란다. 집에 돌아오면, "아아~, 피곤해 죽겠어…"라면서 가방이나 웃옷을 침대에 아무렇게나 집어던지지는 않는가? 이런 사람은 평생 "아아~" 하고 푸념만 털어놓는 인생을 살 위험성이 매우 크다. 또 "쳇, 나는 왜 이렇게 운이 없지? 되는 일이 하나도 없어…", "내가 벌써 하는 일 없이 몇 살이나 됐구나…" 같은 부정적인 말을 생각 없이 내뱉고 항상 입에 달고 살지는 않는가?

우리 뇌는 자신이 한 말을 그대로 받아들인다. 부정적인 말을 하는 사람은 그 말대로 인생을 살게 되고, 항상 긍정적인 말을 하고 긍정적으로 생각하면 그 방향대로 인생을 살게 된다. 충실하고 내실 있는 인생을 사느냐 힘들고 괴로운 인생을 사느냐는 전부 우리 자신이 어떤 말을 하느냐에 달려 있다.

"죄송합니다"를 입에 달고 사는 사람은 평생 죄송하다고 연신 고개를 숙이며 살 것이고, 반면에 어떤 상황에서나 "고맙습니다!"라고 말할 수 있는 사람은 감사하는 마음 자세로 살게 되는 것이다.

사용하는 말에는 그 사람의 인생관이나 돈, 이성, 사회나 국가 등에 대한 사고방식이 담겨 있다.

내 친구 중에 지금은 훌륭한 사업가가 되었지만 예전에는 돈과 별로 인연이 없던 사람이 있었다. 누구보다 열정적으로 일하고 취미 생활을 즐기면서도 절제할 줄 아는 친구인데 어찌 된 일인지 돈이 잘 모이지 않았다. 주위 사람들도 참 이상하다며 고개를 갸웃거렸다. 사실 그는 아주 중대한 실수를 저지르고 있었다. 머릿속에 항상 '돈은 더러운 것'이라는 생각이 강하게 자리 잡고 있었던 것이다. 아마도 돈을 천하게 여기는 환경에서 자라난 탓일 것이다. 그런 이유 때문인지 그는 일을 할 때 "저는 돈에는 관심 없습니다. 그보다는 맡은 일을 얼마나 성실히 하느냐를 더 중요하게 생각합니다"

라는 말을 자주 했다. 게다가 이 말을 습관처럼 반복한 결과 결국 '돈에 관심 없는 나'라는 자기 이미지가 형성됐다. 그 바람에 그는 자기 이미지대로 돈이 모이지 않는 인생을 살았던 것이다.

그러던 어느 날, 그는 지인의 충고를 받아들여 말하는 방식을 바꿨다. 상대를 설득할 때 "저는 돈에 관심 없습니다. 돈은 제 인생에 별로 중요하지 않아요. 그보다는 가치를 더 중요하게 여기죠…"라는 식이 아니라 "저는 성실하게 일하며 결과물의 질을 무엇보다 중요시합니다. 또 어떻게 일해야 더 좋은 결과물을 만들어낼 수 있을지 항상 연구하죠. 이런 노력 덕분에 저는 그에 걸맞은 충분한 대가를 받고 있으며, 그 대가에 맞게 최선을 다해 일하고 있습니다"라는 표현으로 바꿨다.

그러자 그 후 그의 삶에 많은 변화가 일어났다. 그의 신용은 3년도 지나지 않아 몇 곱절로 높아졌다. 덕분에 경제적인 상황도 완전히 달라졌고, 현재는 그 업계에서 꽤 성공한 사람으로 손꼽히게 되었다. 만약 그가 그때 상대를 설득하는 표현 방식을 바꾸지 않았다면 틀림없이 지금도 일은 잘하지만 돈벌이는 시원찮은 사람으로 살고 있을 것이다.

사람은 누구나 더 나은 인생을 살고 싶어 한다. 그러나 실제로는 자신이 살고 싶어 하는 인생과 정반대의 말을 말버릇처럼 달고 사는 사람이 너무나도 많다.

원하는 인생이 있다면 그 인생에 어울리는 말을 해야 한다. "아아~, 피곤해 죽겠어…"가 아니라 "오늘 하루도 최선을 다했어. 잘했어!"라고 말하고, "쳇, 나는 왜 이렇게 운이 없지?"가 아니라 "이번 일은 좋은 경험을 했다고 생각하자. 다음에는 반드시 운이 좋아질 거야!"라고 말하는 것이다. 또 "나도 벌써 몇 살이 됐구나…"라는 표현 대신 "이제 겨우 몇 살밖에 안 됐잖아?"라고 말해보라. 이렇게 부정적인 표현 대신 모든 표현을 긍정적으로 바꾸고 평소에 긍정적인 말버릇을 습관화한다면 당신의 인생은 틀림없이 놀랄 만큼 변화할 것이다.

나는 이 책에서 말버릇을 예로 들면서 말이 우리 인생에 얼마나 많은 영향을 미치는지를 심리학적, 생리학적 측면에서 알기 쉽게 설명하고자 했다. 그리고 최종적으로는 독자들이 부정적인 말버릇을 긍정적으로 바꾸고 자기 이미지, 나아가 인생 전체를 긍정적으로 변화시키는 데 주안점을 두었다. 그러기 위해 매 항목 뒤에는 짧지만 강력한 '긍정의 주문'을 실었다. 단순히 말버릇의 중요성을 이해하는 데 그치지 않고 실제로 말버릇을 바꿈으로써 독자 스스로 인생을 변화시킬 수 있게끔 한 것이다. 내 독자들 중에는 실제로 이 방법을 실천해 부정적인 말버릇을 긍정적으로 바꾸고 인생을 변화시킨 예가 많다.

이 책의 내용을 다 읽지 않아도 좋다. 매 항목 마지막에 나오는 긍정의 주문을 매일 하루, 단 1분만 소리 내어 읽기만 해도 충분하다. 이 주문들은 자신에게 들려줘도 좋고 주변 사람에게 들려줘도 좋다. 상황에 따라 응용해도 좋다.

부정의 말은 가급적 삼가고 매일 그 날의 주문을 정해서 "오늘 하루도 행복해야지!", "괜찮아, 다 잘될 거야!" 같은 긍정의 말을 습관처럼 되뇌어보라. 어느 날부턴가 세상을 보는 당신의 시각이 달라지고 당신을 바라보는 주변 사람의 시각이 달라질 것이다. 그렇게 매일 1분씩, 45일 후면 어느새 당신의 인생은 밝은 에너지로 가득찰 것이다.

"태초에 말씀이 계셨다. 그 말씀은 하느님과 함께 계셨다"라는 요한복음의 첫 구절처럼, 말은 우리가 살아가는 데 가장 중요한 요소다. 부디 이 책을 통해 좋은 말버릇을 실천하고 당신의 인생을 더 나은 방향으로 이끌기를 바란다.

사토 도미오

| CONTENTS |

프롤로그_ 말하는 대로 살고 싶지 않다면 오늘부터 바꿔라 • • • 5

 ## 말버릇을 보면 인생이 보인다

01 사고 습관이 인생의 질을 결정한다 • • • 17
02 행복한 사람과 불행한 사람의 결정적 차이 • • • 22
03 말버릇이 행불행을 결정한다 • • • 25
04 인간의 몸은 현실과 상상을 구별하지 못한다 • • • 28
05 말은 스스로 미래를 개척하는 힘이 있다 • • • 33
06 좋은 말은 잠재 능력을 이끌어낸다 • • • 37
07 누구나 낙천가의 기질을 갖고 태어난다 • • • 40

 ## 말버릇이 자기 이미지를 완성한다

08 못났다고 믿으면 평생 못난이로 살게 된다 • • • 47
09 자기 이미지가 바뀌면 인생이 달라진다 • • • 51
10 되고 싶은 내 모습을 소리 내어 말하라 • • • 55
11 나의 매력은 내가 가장 잘 아는 법이다 • • • 58

12 자존심이 있는 사람은 품위 있게 말한다 • 63

13 유쾌한 말로 패배의식을 몰아내라 • 67

Chapter 3 낙천적 사고가 인생을 풍요롭게 한다

14 '벌써'와 '아직'으로 인생이 뒤바뀐 두 사람 • • • 73

15 이성을 사로잡는 두근두근 호르몬의 정체 • • • 77

16 비관에 빠지지 않는 세 가지 법칙 • • • 81

17 걱정거리의 80퍼센트는 실제 일어나지 않는다 • • • 84

18 지나치게 적극적인 사람은 쉽게 병든다 • • • 88

19 슬프니까 우는 게 아니라 우니까 슬픈 것이다 • • • 91

20 긴장하는 순간 자동 목적 달성 장치는 망가진다 • • • 97

21 혼자라고 고독하리란 법은 이 세상에 없다 • • • 101

22 낙천가는 오늘도 즐거운 일만을 회상한다 • • • 105

23 오래 살고 싶다면 생각부터 바꿔라 • • • 108

24 벼랑 끝에 몰려도 웃을 수 있는 여유 • • • 113

말버릇이 바뀌면 인생도 바뀐다

25 당신의 말버릇 목록을 만들어라 ••• 119

26 완성된 말버릇 목록을 점검하라 ••• 122

27 남의 불행을 즐거워하면 나도 불행해진다 ••• 126

28 돈 없다고 함부로 투덜대지 마라 ••• 131

29 과거는 과거일 뿐, 현재를 즐겨라 ••• 136

30 유쾌한 말은 의욕과 쾌감을 불러일으킨다 ••• 141

31 처음 한마디가 좋아야 결과가 좋은 법이다 ••• 145

32 칭찬의 말은 부메랑과 같다 ••• 148

33 상처 주는 말은 반드시 되돌아온다 ••• 152

34 평범한 일들을 모두 행복한 말로 연결하라 ••• 156

35 칭찬은 고래도 춤추게 한다 ••• 160

36 생각은 크게, 욕망은 거대하게 가져라 ••• 163

Chapter 5 꿈은 말하는 대로 이뤄진다

37 인간의 뇌에는 자동 목적 달성 장치가 있다 ••• 169
38 꿈의 실현을 방해하는 것은 나 자신이다 ••• 172
39 원하지 않으면 이뤄질 수 없는 법이다 ••• 176
40 긍정적인 선택이 꿈을 현실로 만든다 ••• 180
41 사고방식도 선택 가능하다 ••• 183
42 몸은 마음이 시키는 대로 한다 ••• 186
43 습관에 매몰되면 큰 기회를 놓친다 ••• 190
44 목적, 꿈, 희망은 가장 좋은 묘약이다 ••• 194
45 젊음과 아름다움의 비결은 '두근거림'이다 ••• 198

에필로그_ 습관처럼 말하다 보면 어느새 이뤄진다 ••• 203
특별 부록_ 하루 1분, 인생을 바꾸는 긍정의 주문 ••• 205

Chapter

말버릇을 보면
인생이 보인다

SPEAKING PSYCHOLOGY

"할 수 있다"고 말하다 보면 결국 실천하게 된다.

– 사이먼 쿠퍼(Simon Cooper)

Section 01

사고 습관이
인생의 질을 결정한다

우리의 현재 모습은 과거 습관이 만들어낸 결과물이다. 표정, 말투, 자세, 걸음걸이, 식사, 수면 같은 생활 방식도 전부 평소 사소한 습관에서 만들어지고 형성된 것이다. 계속해서 반복하다 보니 자기도 모르게 버릇으로 굳어진 것이다. 일단 몸에 밴 버릇은 그 사람을 나타내는 특징이 되며 인격의 일부가 되기도 한다.

예를 들어 양미간을 찌푸리는 버릇이 있는 사람은 성격이 까다로워 친해지기 어렵다는 인상을 준다. 실제로 심각한 표정을 짓는 사람은 즐거운 생각을 하기 어렵기 때문에 말까지 험해지기 쉽다. 버릇이란 내버려두면 점점 심해지기 마련이다. 급기야 안 좋은 버릇이 도를 넘어섰을 때 그는 주위 사람들 모두가 꺼리는 대상이 되고 만다.

우리는 이런 사실을 무의식적으로 잘 알고 있기에 특히 처음 상대를 만날 때는 평소 모습과 달리 '예절 바른 척' 연기한다. 조금이라도 좋은 인상을 심어주고 싶고 호감을 사고 싶다는 생각에서다. 만약 이런 연기를 평소에도 할 수 있다면 어떨까? 일상에서도 호감 가는 사람으로 계속 살아갈 수 있을 것이다. 즉, 무의식적으로 생긴 습관을 의식적으로 바꿔나가다 보면 결국은 인격까지도 바뀌게 된다는 말이다.

수많은 습관 가운데 제일 자각하기 어려우면서도 우리 인생에 막대한 영향을 끼치는 게 있다. 바로 '사고 습관'이다. 매사를 비관적으로 받아들이거나 생각하는 버릇이 있는 사람은 끊임없이 불안과 걱정을 안고 산다. 한편 매사를 낙관적으로 받아들이고 생각하는 사람은 언제 봐도 밝고 즐거워 보인다. 설령 역경에 부딪히더라도 '뭐, 어떻게든 되겠지'라고 낙천적으로 생각하며 어떻게든 극복해나간다. 실제로 나는 같은 환경과 조건으로 시작했어도 비관적인 사람과 낙관적인 사람의 미래가 극명하게 나뉘는 것을 많이 봐왔다.

우리 몸에는 본래 자신의 꿈을 실현시키는 시스템이 장착돼 있다. 그것을 제대로 활용하느냐 그러지 못하느냐에 따라 우리 인생의 질이 크게 좌우된다. 그것을 지금부터 대뇌 생리학을 비롯한 최신 과학을 통해 입증하려 한다.

1970년대에 미국 캘리포니아대학 L.A. 캠퍼스의 마취 생리학 연구실에서는 피실험자들을 대상으로 사랑니를 뽑는 수술을 했다. 피실험자 중 무작위로 선정한 절반에게는 모르핀을, 나머지 절반에게는 진통 효과가 전혀 없는 위약을 투여했다. 그런 다음 두 그룹의 몸속에서 어떤 생화학 반응이 일어나는지 알아내기 위한 실험이었다. 그랬더니 위약 투여군의 약 60퍼센트에게서 강력한 진통 효과가 나타났다. 게다가 좀 더 자세히 조사해보니 그들의 뇌에서 마취 효과가 모르핀의 150~200배나 되는 돌질이 합성되었음이 밝혀졌다. 실제로는 진통 효과가 없는 위약이었음에도 모르핀의 약효가 통증을 가라앉혀줄 것이라는 믿음이 뇌에서 그에 맞는 물질을 만들어내게끔 한 것이다.

이 귀중한 발견을 계기로 위약 효과가 있는 뇌 내 호르몬 물질 몇 가지가 발견되면서 뇌 내 호르몬 열풍이 불기 시작했다. 또 이후에도 다양한 연구를 통해 마음이 몸에 끼치는 영향과 그 생리적 구조가 하나둘 밝혀졌다. 예를 들어 항상 화를 내거나 강한 스트레스를 받으면 노르아드레날린(노르에피네프린)이라는 호르몬 독성물질이 분비돼 병에 걸리거나 노화가 빨라진다는 사실이 밝혀졌다. 반대로 항상 웃으면서 즐겁게 살면 베타엔도르핀을 비롯한 쾌감 호르몬이 왕성하게 분비돼 면역력이 높아지고 몸과 마음 모두 상쾌하게 살 수 있다고 한다.

이것이 몸과 마음은 불가분의 관계이며 상호 작용을 한다는 과학적인 견해다.

인생에서 뭔가 중대한 선택을 하거나 결단을 내릴 때도 어떤 생각으로 임하느냐에 따라 미래가 크게 달라진다. 긍정적인 생각은 긍정적인 미래를 만들어낸다. 다소 불쾌한 일이 있어도 긍정적으로 받아들이면 좋은 방향으로 바꿔나갈 수 있으며, 진심으로 행복해질 거라 생각하면 행복을 손에 넣을 수 있다.

어떻게 이런 일이 일어나는 것일까? 이것은 '뇌'라는 시스템의 신비에서 그 해답을 찾을 수 있다. 대뇌가 상상한 이미지와 자율신경계가 연동해 현실을 바꿔나간다. 좋은 생각만을 뇌에 입력해야 하는 이유가 바로 여기에 있다.

인생을 바꾸고 싶은가! 그렇다면 평소의 부정적인 사고 습관부터 바꿔라. 사고 습관을 긍정적으로 바꾸면 자연히 말버릇도 바뀌고 당신의 인생도 180도 바뀐다.

아침에 일어난 후 10분 이내는 뇌에 가장 강렬한 영향을 미치는 시간이다. 일어나자마자 다음 말부터 외쳐보자. 이 주문의 말이 당신의 오늘 하루를 180도 바꿔줄 것이다.

|

"오늘 하루도 행복해야지!"

Section 02

행복한 사람과 불행한 사람의 결정적 차이

똑같은 환경에서 자란 두 사람이 있다고 하자. 태어나고 자라난 환경, 직업과 수입, 가정 구성 등 모든 요소가 거의 차이가 없다. 그런데 그중 한 사람인 A는 매일 이렇게 생각하면서 산다.

'나는 매일 열심히 일해서 먹고 살 만큼의 돈은 벌고 있어. 병에 걸려서 일하고 싶어도 못하는 사람도 있는데 내 인생은 얼마나 행복한가!'

이렇게 생각하는 A는 행복한 집단에 속한 사람이다.

반면에 환경도, 수입도 A와 같은 B는 항상 이런 생각을 하면서 산다.

'이런 쥐꼬리만 한 월급을 받으면서 일하려니 정말 한심해서 일할 기운도 나지 않아. 나는 왜 이렇게 불행할까?'

이런 생각만 하는 B는 불행한 집단에 속한 사람이다.

이렇듯 이 두 사람의 생각이 서로 다른 이유는 무엇일까? 그건 바로 일상적으로 사용하는 말버릇의 차이 때문이다.

이는 내가 지금까지 살펴본 실례에서도 확연히 드러난다. A처럼 행복한 집단에 속한 사람들은 사용하는 말도 유연하고 자신감 넘치며 목소리 또한 크다. 어려운 상황에 몰리더라도 "뭐, 어떻게든 되지 않겠어?", "반드시 해내고야 말겠어!", "나라면 할 수 있어!", "자, 힘내자!"와 같이 철저히 긍정적이다. 긍정적인 생각은 뇌세포를 최대한으로 활성화시켜 반드시 좋은 결과를 이끌어낸다. 이런 사람은 말 자체가 긍정적이어서 어떤 시련과 역경이 앞을 가로막아도 포기하지 않고 그 벽을 부수는 힘을 지니고 있다.

한편 불행한 집단에 속한 사람들이 사용하는 말은 정반대다. 그들은 "틀렸어", "못하겠어", "무리야", "어차피 실패할 게 뻔해", "아무도 날 이해해주지 않아", "운이 없어"와 같은 말을 입에 달고 산다. 이렇듯 부정적이고 소극적인 생각이 항상 머릿속에 가득차서 그것을 입 밖으로 꺼내는 순간 뇌세포 활동이 둔해진다. 이런 사람은 충분히 할 수 있는 일인데도 말 자체가 부정적이어서 자신감 부족으로 변명과 핑계거리만 찾다가 그만 나아갈 길을 잃고 만다.

평소 사용하는 말과 생각은 항상 함께 움직인다. 그래서 긍정적인 생각은 긍정적인 말을 낳고, 부정적인 생각은 부정적인 말을 낳는 것이다.

또 긍정적인 말은 긍정적인 생각과 행동을 만든다. 반면에 부정적인 말은 소극적인 생각과 행동을 낳기 때문에 충분히 해낼 수 있는 일도 불가능해진다. 주위 사람들이 하는 말을 자세히 관찰해보라. 틀림없이 내가 한 말에 고개를 끄덕이게 될 것이다.

하지만 살다 보면 자신도 모르게 어쩔 수 없이 부정적인 생각이 파고들 때가 있다. 그때는 곧바로 다음 말을 되뇌어보자.
이 말을 입 밖에 낸 순간 당신 안의 부정적인 생각은 금세 사라지고 그 자리에 긍정적인 생각만 자리하게 될 것이다.

|

"괜찮아, 다 잘될 거야!"

Section 03

말버릇이
행불행을 결정한다

당신이 세상일을 받아들이는 방식과 사고 습관은 당신의 행동을 이끈다. 당신의 의식이나 생각은 당신의 현실이 되어 나타난다. 그러나 그 전에 더 중요한 사실이 있다. 바로 의식과 사고를 관장하는 '말버릇'의 영향력이다.

"아아~, 피곤해 죽겠네."

"운도 지지리 없네.

"언젠가 애인이 날 배신할 거야."

이런 식의 부정적인 말이나 생각은 그 사람의 마음을 병들게 한다. 실제로 병에 걸리지는 않더라도 표정에서부터 우울함이 그대로 드러난다.

한편 현재 상황이나 미래의 꿈 또는 희망을 밝게 이야기하면 그것이 실현될 확률이 한없이 높아진다.

"오늘 하루도 최선을 다했어."

"내일도 즐거운 일이 많을 거야."

"일도 사랑도 순조로워."

항상 이런 긍정적인 말로 뇌에 영양분을 공급해보기 바란다. 설령 그것이 현실과 다르다 해도 상관없다. 딱히 뭔가 좋은 일이 없었더라도 "즐거웠어, 기뻤어"라고 자주 말하면 그 말을 읽어 들인 자율신경계가 활발하게 활동해 우리의 몸과 마음을 최상의 상태로 만들어준다.

매일 밤 잠들기 전에 "오늘 하루도 일과 사랑, 모두 순조로웠어"라고 자신에게 말하고 만족감 속에서 잠자리에 들어라. 이러기를 반복하면 당신을 둘러싼 상황이 순식간에 호전되어 좋은 인연을 불러들이고 원하는 일을 할 기회를 얻게 될 것이다. 긍정적인 언어 습관은 소망을 이루는 최상의 도구다.

그렇다면 언어 습관은 무엇인가. 바로 사고 습관을 형성하는 원천이다. 우리가 '기쁘다' 혹은 '슬프다'고 생각하는 것도 뇌에 "기쁘다", "슬프다"라는 말이 각인돼 있기 때문이다. '오늘 일은 여기까지만 하고 나머지는 내일 하자고 생각하고 그대로 행동할 수 있는 것도 뇌에서 그 말을 구성했기 때문이다. 우리는 하지 않은 말을 가지고 생각하거나 행동할 수는 없다.

예로부터 "병은 기분에서 비롯된다"라고 했는데, 이것은 의학적으로 봐도 옳은 말이다. 그런데 그 기분의 좋고 나쁨을 결정짓는 요소가 바로 말이다. 즉 건강도 장수도 모두 말버릇에서 비롯된다.

여기 나쁜 생각은 몰아내고 좋은 생각만 하며 잠들 수 있는 주문이 있다. 당신이 자는 동안 이 말이 뇌에 깊이 각인되어 내일 아침 상쾌한 상태로 깨어날 수 있다. 그리고 내일은 오늘보다 더 좋은 일들이 일어날 것이다.

|
"오늘 하루도 좋은 일이 참 많았어."

Section 04

인간의 몸은 현실과 상상을 구별하지 못한다

1장은 말버릇을 바꾸면 왜 인생이 달라지는지 이해하기 위해 우리 뇌와 몸, 유전자의 메커니즘에 관한 지식을 필요 최소한으로 소개하는 이른바 '이론편'이다.

'우리 몸은 현실과 상상을 구별하지 못한다.'

지금부터 그 이유가 무엇인지 생화학 등을 이용해 설명하려 한다. 용어들과 설명이 낯설 수 있으므로 가급적 쉽게 풀어 이야기하겠다.

사람이 살아 있다는 것은 몸속에서 끊임없이 '생화학 반응'이 일어나고 있다는 뜻이다. 쉬운 예를 들면 이렇다. 우리가 음식을 먹으면 먹은 양에 따라 위산과 효소가 분비돼 분해·흡수와 재합성이 진행된다. 먹은 음식에 들어 있는 탄소와 호흡할 때 들이마신 산소가 연소라는 화학 반응을 일으켜 생명 활동에 필요한 에너지를 만들어낸다. 설령 우리가 무엇을 먹었는지 잊어버리더라도 우리 몸은 그것을 정확히 알고 처리한다.

이와 같은 화학 반응의 조정 기능을 담당하고 있는 것이 자율신경계로, 그 중추는 뇌의 대뇌변연계라는 곳에 있다. '원시적이고 오래된 뇌' 혹은 '동물뇌'라고 부르는 곳이다.

뇌의 가장 바깥쪽에 있는 것은 대뇌 신피질이다. 이것은 생물 중에서 유일하게 인간만이 가지고 있는 '새로운 뇌'로, 사고·판단·기억을 관장한다.

그리고 이러한 신·구의 두 가지 뇌를 연결하는 것은 새로운 뇌를 통한 상상의 힘이다. 새로운 뇌가 그린 상상 이미지는 오래된 뇌인 자율신경계에 작용해 몸속의 생화학 반응계에 영향을 끼친다. 즉 인간의 몸은 설령 상상 속의 일이라고 할지라도 현실과 똑같이 반응한다는 말이다.

예를 들어 지금 눈앞에 잘 익은 오렌지 한 개가 놓여 있다고 하자. 이때 실제로 오렌지를 먹지 않더라도 오렌지를 보거나 상상하면 침과 위액이 활발히 분비된다. 이것은 의식이 방아쇠가 되어 체내 생화학 반응을 일으키는 것이다. 다시 말해 상상 속의 내용이 물질화되어 실제로 몸에 작용한 결과다.

걱정거리가 있으면 안색이 나빠지는 경우가 있다. 이는 뇌에서 아드레날린이라는 호르몬 물질을 분비해 모세혈관을 수축시키기 때문이다. 불안한 의식이 원인이 되어 일어난 화학 반응의 결과인 것이다.

설령 그것이 3년, 5년 뒤 같은 미래에 대한 걱정이라고 해도 걱정을 한 시점에서 우리 몸은 마치 지금 현실에서 그 일이 일어난 것처럼 반응한다. 또한 과거의 일이라 해도 머릿속에서 그 일을 재현하면 마치 지금 실제로 체험하고 있는 듯한 반응이 몸 곳곳에서 일어난다.

첫사랑의 달콤한 추억, 즐거웠던 데이트, 낭만적인 속삭임 등을 회상하면 누구나 가슴이 두근거리기 마련이다. 이럴 때는 혈액 순환이 잘 되고 피부 온도도 상승한다. 또한 베타엔도르핀 같은 쾌감 호르몬이 분비되어 기분이 점점 더 황홀해지며 피부에 생기가 돌고 윤기가 난다.

이렇듯 상상력과 자율신경계의 활동은 미용이나 건강에 영향을 주는 호르몬을 자유자재로 만들어낼 수 있다. 어떤가? 작은 기적이라는 생각이 들지 않는가?

'칭찬도 기적을 일으킨다. 예쁘다고 칭찬받은 사람이 아니라 칭찬한 사람이 아름다워진다는 참으로 신기한 현상이다. 자율신경계는 인칭을 구별하지 않는다. 주어를 따지지 않고 그 말을 한 당사자의 이야기로 읽어 들인다. 그러므로 자신을 미인이라고 칭찬하고 주위 사람들을 열심히 칭찬하면 그 칭찬의 영향으로 자기 자신이 점점 미인이 되어간다.

인간과 말의 관계는 매우 단순한 원리를 따른다. 우리의 현재 모습은 과거의 말버릇이 만들어낸 결과물이며, 미래 또한 현재의 말버릇에서 비롯된 결과라는 참으로 명쾌한 원리이다.
자신의 평소 말버릇을 되짚어보자. 현재 삶이 버겁고 힘겹다면 그만한 이유를 조금은 찾을 수 있을 것이다.

'왜 나만 이렇게 힘든 일을 겪어야 하지?', '왜 나만 이렇게 일이 잘 안 풀릴까?' 하는 부정적인 생각이 슬금슬금 고개를 내밀 때 이 말을 떠올려라.
"생각이 말을 만들고 말이 미래를 만든다!"

그런 다음 이 말을 외쳐보자. 당신이 생각하고 말한 그대로의 현실이 당신 눈 앞에 펼쳐질 것이다.

|

"모든 건 잘되게 돼 있어!"

Section 05

말은 스스로
미래를 개척하는 힘이 있다

　자신에게 좋은 말을 많이 사용하면 말 자체의 의미와 영향력이 뇌를 자극하고 활성화시켜 상상력이 더욱 커지고 기분도 점점 고양된다. 예를 들어 "내가 벌써 몇 살이 됐구나…"보다 "이제 겨우 몇 살밖에 안 됐잖아?"라고 표현하면 '앞으로 해낼 수 있는 일이 많다'는 마음을 자연스럽게 가질 수 있게 된다. 그러면 이전까지는 막연하기만 했던 꿈이나 희망이 강한 바람으로 바뀌고 어떤 일이든 할 수 있겠다는 자신감을 갖게 된다.

　나의 세미나에 참석하던 A라는 50대 여성이 이런 경험담을 털어났다.

A는 젊은 시절부터 막연하게나마 유럽을 여행하는 것이 꿈이었다고 한다. 그러던 어느 날 그녀는 그 꿈을 현실로 만들어야겠다고 마음먹었다. 그러자 그전까지는 무심코 지나쳤던 잡지나 텔레비전 방송에도 눈이 가게 되었다. 파리와 런던의 아름다운 사진을 바라보며 '아, 가고 싶다'고 생각하기도 했고 여행의 정취가 물씬 풍기는 영상을 보며 '역시 멋지네'라고 감탄하기도 했다. 또한 여행지의 풍경을 마음속으로 그려보고 그곳에서 만날 사람들이나 즐거운 사건, 맛있는 음식과 와인 등에 대한 상상을 부풀렸다. 그런 생각을 하는 것만으로도 흥분되고 즐거워졌으며, 여행을 떠나기 전부터 가슴이 두근거렸다.

그러면서 A의 마음은 '갈 수 있다면 가보고 싶어'에서 '꼭 가고 싶어'로 바뀌었고 이윽고 "가자. 갈 수 있어", "조만간 반드시 유럽에 갈 거야"가 말버릇이 되었다. 그러자 뇌가 풀가동되면서 몸속에 있는 꿈 실현 장치가 놀라운 위력을 발휘하기 시작했다. 명확한 목적·목표가 담긴 메시지가 뇌에 전달돼 꿈을 실현시키는 시스템의 스위치를 올린 것이다.

그로부터 2년 뒤, A는 진짜로 유럽 여행의 꿈을 실현했다. 그녀는 영국과 프랑스, 독일, 이탈리아, 스페인 등 유럽 각지를 돌아다니며 신나게 먹고 마시고, 수많은 풍경과 사람들을 접한 뒤 일본으로 돌아왔다.

여행을 마치고 다시 세미나에 나타난 A는 확실히 5년은 젊어진 모습이었다. 작고 여린 목소리로 소심하게 말하던 과거 모습은 온 데간데없이 사라지고 아주 당당하면서 자신감 가득한 사람이 되었다. 그리고 이런 말을 했다.

"돈이 없네, 시간이 없네, 하고 변명만 늘어놓는다면 그것은 애초에 시도할 생각이 없다는 뜻이에요. 이런저런 핑계거리를 궁리할 바에는 차라리 아무런 생각도 하지 않는 편이 실행에 도움이 되지요."

이것은 분명한 사실이다. 항상 긍정적이고 낙천적인 말을 하면 뇌는 '괜찮은가 보군'이라고 이해하고 '문제를 잘 풀어 나가기 위한 방법'을 속속 찾아낸다. 그러나 뇌라는 컴퓨터는 부정적인 말도 빠짐없이 수집하므로 설령 빈말로라도 "역시 무리일지 몰라", "내가 잘못 선택했어"라고 망설이거나 후회하는 말을 입 밖에 내서는 안 된다. 그런 말을 하면 뇌는 '무리인가?', '잘못된 선택이었나?'라고 진지하게 받아들여 원점으로 되돌아가고 만다.

미래에 대한 계획을 세웠다면 반드시 그 계획을 달성할 수 있다고 믿고 안심하며 적극적으로 추진하기 바란다.

"여행에 도움이 되는 정보들이 알아서 나를 찾아오네?"

"마치 나한테 빨리 오라고 손짓하는 것 같아."

"어떻게 이렇게 일이 잘 풀리는 걸까?"

이처럼 순수하게 기뻐하고 그 기쁨을 말로 표현하기 바란다. 이때 자신에게 말하는 것은 물론이고 주위 사람들에게도 열심히 이야기하도록 하라. 그러면 뇌는 틀림없이 그 말을 놓치지 않고 수집해 더욱 열심히 활동할 것이다.

말에는 자력으로 미래를 개척하는 엄청난 힘이 깃들어 있다. 그 위력을 알고 유용하게 활용할 방법을 실천하면 미래는 활짝 열릴 것이다.

자신의 미래를 원하는 대로 그려나가고 싶다면 오늘부터 이 말을 습관처럼 되뇌어보자.

"내 미래는 언제나 밝을 거야!"

Section 06

좋은 말은
잠재 능력을 이끌어낸다

현재 지구상에는 70억 명이 넘는 사람이 살고 있다. 하지만 민족에 따라 언어와 겉모습이 다르며, 부모에게서 물려받은 유전 형질 등도 개체마다 다양한 차이를 보인다. 그러나 70억 명 모두는 똑같은 인간 유전자를 가지고 있다. 우리 몸의 구조가 인류 공통인 이유는 유전자 DNA의 구조나 유전 정보의 전달 구조가 공통적이기 때문이다.

인간의 경우, 특정 개체의 뇌가 발달해서 높은 지능을 획득하면 그 유전 정보를 계승한 다음 세대 개체는 이전 세대보다 기억 영역 등을 더욱 증폭시킨 뇌를 가지고 태어난다. 이것을 '발현 유전자'라고 하는데 다른 동물에게서는 볼 수 없는 인간만의 고유한 특징이다. 가령 사람은 누구나 타고난 특기를 하나쯤 가지고 있다. 선조 중 누군가가 획득한 높은 능력이 발현 유전자를 통해 계승되어 그 사람의 세대에서 나타난 것이다.

발현 유전자의 스위치가 켜졌을 때 비로소 잠재적인 능력이나 재능이 빛을 발한다. 그 방아쇠가 되는 것은 의식이다. 그리고 그 의식을 만들며 의식에 가장 강한 영향을 끼치는 건 다름 아닌 '말'이다.

따라서 당신이 어떤 말을 하느냐에 따라 잠재되어 있는 뛰어난 능력을 비롯해 건강과 장수에 이르기까지 온갖 바람직한 자질을 이끌어낼 수 있다. '나는 건강하고 능력도 충분히 발휘하고 있어'라고 생각하더라도 좀 더 욕심을 내라. 인간의 유전자 DNA에 들어 있는 유전 정보는 우리의 상상을 훨씬 초월할 만큼 그 양이 방대하다. 잠재적인 능력에는 한계가 없으며, 한 세대로는 전부 발현할 수 없을 만큼 그 가능성이 무한하다는 것이다.

유전자의 가장 궁극적인 목적은 '환경 변화에 적응해 쾌적하게 살며 최선의 상태로 살아남는 것'이다. 요컨대 우리는 어떤 환경에 놓이더라도 살아남기 위해서 태어났다는 말이다. 우리 몸을 구성하는 약 60조 개의 세포에도 '산다. 살아남는다'라는 목적이 또렷하게 각인되어 있다. 그러므로 인간이 좀 더 잘 살기 위해서는 의식을 가진 개체로서 뿐만 아니라 세포가 좋아할 일도 할 필요가 있다. 뇌뿐만 아니라 60조 개의 세포까지도 즐겁게 만드는 것이 중요하다는 말이다.

우리의 몸과 마음은 하나다. 내가 이 순간 내뱉은 말이 내 살과 뼈와 피를 이루고 내 유전자 깊숙이 새겨져 다음 세대에게 전해질지 모른다. 나의 잠재된 능력을 충분히 이끌어내고, 미래 세대에게도 그 능력을 전해주고 싶다면 오늘 우리가 해야 할 주문, 아니 생각날 때마다 해야 할 주문은 바로 이것이다.

|

"난 뭐든지 이룰 수 있다!"

Section 07

누구나 낙천가의 기질을
갖고 태어난다

뇌와 세포를 즐겁게 만드는 방법은 오로지 '낙천적인 사고'뿐이다. 3장에서 좀 더 자세히 이야기하겠지만, 낙천가가 되기 위한 가장 좋은 방법은 일상에서 사용하는 부정어를 전부 긍정어로 바꾸는 것이다.

누가 어떤 일을 도와주면 "미안합니다"라고 말하는 대신 "고맙습니다"라고 말해보자. "피곤해"라고 말하기보다 "오늘도 충실한 하루를 보냈어", "운이 없네"라고 탄식하는 것이 아니라 "좋은 경험을 했어. 다음번에는 반드시 운이 좋아질 거야!"라고 말한다. 요컨대 평상시 자기도 모르게 입에서 나오는 부정적인 말버릇을 의식적으로 긍정어로 바꿔나가는 것이다. 비관적인 표현도 최대한 피하고 항상 낙관적인 방향으로 말하도록 하라. "어떻게든 잘될 거야", "반드시 해내고야 말겠어!", "자, 힘내자!"라고 말하며 가급적 밝은 미래에 희망을 맡겨라. 스스로 '반드시 좋은 일이 일어날 것이다'라고 생각하면 심리적으로도 안정되기 마련이다. 그리고 인생에서 일어나는 모든 일을 자신에게 이로운 일로 받아들일 수 있는 여유도 생긴다.

낙천적인 사고를 갖고 살아가면 베타엔도르핀 등의 쾌감 호르몬이 많이 분비되는데, 이것이 뇌를 활성화시키고 자율신경계를 통해 온몸의 세포를 활성화시킨다. 시험 삼아 당신이 세상에서 가장 좋아하는 사람의 이름을 소리 내어 불러보기 바란다. 마음 깊숙이 와 닿을 때까지 계속 불러보자. 그리고 그 사람이 애정 어린 목소리로 부드럽게 당신의 이름을 부르는 모습을 상상해보라. 갑자기 몸이 가벼워지는 기분이 들지 않는가? 이것은 당신이 뇌와 세포가 함께 기뻐할 일을 실행했기 때문이다.

사람의 몸은 원래 쾌적하게 살도록 만들어졌다. 불쾌한 상태에서는 스트레스가 생기지만, 쾌적한 상태라면 스트레스 따위가 생길 리 없다. 개체로서의 인간도, 세포도, 존재의 가장 큰 목적은 쾌적하게 사는 것이다. 인류는 쾌적하고도 최선인 상태를 스스로 만들어낼 수 있는 생물이기에 도태와 진화의 기나긴 역사 속에서 살아남을 수 있었다. 인간의 유전자에는 낙천적인 생각을 하면 뇌와 세포가 활성화되어 '기쁨'의 상태를 만들 수 있다는 정보가 각인돼 있다. 본래 인간은 누구나 낙천가의 소질을 지니고 태어난다는 이야기다.

다른 동물이 단순히 낙천적이라면 인간은 '위대한 낙천가'이자 동시에 생물계 최강의 '승리자'다. 생명 시스템의 컨트롤 타워라고도 할 수 있는 자율신경계는 마치 승리를 위한 기계처럼 몸 구석구석까지 정확히 조종한다. 또한 인간은 다른 어떤 동물보다도 우수한 대뇌를 가지고 있으며, 복잡한 사고를 가능케 하는 뇌신경 회로와 그 회로를 증식하는 방법을 결정하는 발현 유전자도 갖추고 있다.

진화의 과정에서 살아남는 것보다 더 큰 승리는 없다. 그리고 우리 모두는 승리하기 위해 태어났다. 인류의 선조는 최후의 빙하기에서 살아남았다. 그런 그들이 물려준 생물계 최강의 '승자 유전 정보'가 인류의 역사 속에서 면면이 계승되고 있다. 즉 우리 모두는 '승자 유전자'를 지니고 있다. 따라서 우리는 자신의 희소가치를 더욱 강하게 인식해야 한다.

뇌 세포 증식과 기억 영역을 증폭시켜서 다음 세대에 전달하는 발현 유전자, 그리고 엄청난 능력과 무한한 가능성이 입력되어 있는 승자 유전자를 활성화시켜 가능성의 한계까지 살아보는 것은 어떨까?

힘든 목표가 주어졌거나 난관에 부딪쳤을 대 다음 주문을 외쳐 보라. 그 순간 당신 안에 내재된 승자 유전자가 깨어나 당신을 승리로 이끌 것이다.

"반드시 해내고야 말겠어!"

Chapter 2

말버릇이
자기 이미지를 만든다

SPEAKING PSYCHOLOGY

오랫동안 꿈을 그리던 사람은 마침내 그 꿈을 닮아간다.

― 앙드레 말로(Andre Malraux)

Section 08

못났다고 믿으면
평생 못난이로 살게 된다

자신에 대해 가지고 있는 믿음을 '자기 이미지(self-image)'라고 한다. 즉, 사람은 누구나 스스로에 대해서 '나는 이런 인간이다'라는 자기 이미지를 갖고 있다. 이러한 자기 이미지는 자신이 살아오면서 겪은 일련의 사건들이나 가정환경 등에 의해 결정되기도 하며, 또 타인의 말이나 행동으로 인해 형성되기도 한다.

다음 사례를 한번 살펴보자.

어떤 어머니가 둘째 딸에게 "너는 언니랑 다르게 머리도 나쁘고 외모도 떨어지니까 현모양처라도 될 수 있도록 집안일을 열심히 배

위두렴"이라고 매일같이 말했다. 어머니의 입장에선 진심으로 딸을 걱정해서 한 말이다. 하지만 이런 말을 계속 들으며 자란 둘째 딸은 어느덧 '나는 머리도 나쁘고 외모도 떨어지는 못난 여자'라고 스스로를 믿어버리게 됐다.

다른 사람에 비해 상대적으로 영향력이 큰 어머니가 지속적으로 부정적인 발언을 한 것이 결국 부정적인 믿음을 조장하고 말았다. 그 결과 둘째 딸은 부정하기 어려운 자기 이미지를 형성하게 됐고, 그것은 심한 열등감으로 이어졌다.

그렇다면 어머니가 한 말은 움직일 수 없는 사실일까? 외모라는 것은 사람마다 평가 기준이 다르기 때문에 어머니의 말이 반드시 사실이라고도 볼 수 없다.

사실 둘째 딸은 언니와는 다른 그녀만의 장점을 가지고 있었다. 누구보다 웃는 얼굴이 예쁘고 성격도 활발하고 좋았다. 그럼에도 '나는 머리도 나쁘고 외모도 못난 여자야'라는 믿음이 의식의 밑바탕에 깔리고 말았다. 앞으로 그녀가 자신을 의식할 때마다 이 열등감이 의식 위로 떠오를 것이다. 어쩌면 하루에도 수차례 의식할지 모른다. 혹은 며칠씩 자신의 외모에 대해 고민할 수도 있다. 타인에게 자신을 이야기할 때 "저는 머리도 나쁘고 얼굴도 못생겨서…"라고 말버릇처럼 말할 수도 있다. 이런 믿음은 결국 '못난 여자'라는 형태로 나타날 가능성이 높다. 그리고 일단 한번 믿기 시작하면 믿음은 어떤 강렬한 충격 없이는 좀처럼 바뀌지 않는다.

나는 40대였을 때 어느 여대에서 강사로 10년 정도 학생들을 가르쳤는데, 당시 학생 수는 100명 정도였다. 여대생이 100명이나 있으면 개중에는 반드시 미인이 몇 명은 섞여 있기 마련이다. 취향을 떠나서 객관적으로 봐도 그렇다.

1년 동안 같은 학생들을 가르치므로 강의가 끝날 무렵에는 나름 친해져서 술 모임에 참석하기도 했다. 그때 나는 누구나 미인이라고 생각하는 학생까지도 자신의 외모에 열등감을 느끼고 있다는 사실을 처음 알았다. 이유는 이러했다.

흔히 미인이라고 인정받는 '객관적 미인'은 대체적으로 집안에도 미인이 많은 법이다. 어머니나 자매 혹은 친척 중에도 반드시 미인이 있다는 것이다. 그러면 필연적으로 "저 집 자매 중에서는 언니가 더 미인이야!"라든가 "딸보다 어머니가 더 미인이네" 같은 이야기를 자주 듣게 된다. 그러다 보면 아름다운 외모를 가지고 있음에도 결국 '나는 미인이 아니야'라고 의식하게 되는 일이 자주 발생한다. 즉 객관적 미인이라고 해서 반드시 '나는 미인'이라는 자기 이미지를 갖고 있는 것은 아니다.

또 학급에는 객관적 미인이라고는 볼 수 없지만 존재감과 친근감이 느껴지는 학생이 반드시 있다. 그런 학생들의 공통점은 하나같이 표정이 좋다는 것이다. 그녀들은 외모와는 별개로 '나는 멋진 여자야'라는 자기 이미지를 갖고 있다. 주위에서 항상 좋은 말을 많이 듣고 애정이 가득한 환경에서 성장했을 것이 틀림없다.

자존감을 한없이 높일 수 있는 주문의 말이 있다. 매일 반복해서 말하라. 내가 나 자신을 소중히 여기고 사랑할 때 마침내 다른 사람들로부터 사랑을 얻을 수 있다.

"나는 모두에게 사랑받고 있어."

Section 09

자기 이미지가 바뀌면 인생이 달라진다

나는 맥스웰 몰츠(Maxwell Maltz)가 쓴 《맥스웰 몰츠 성공의 법칙(Psycho-Cybernetics)》과 《자기 이미지 심리학의 신비(The magic power of self-image psychology)》라는 책을 통해 '자기 이미지'란 개념을 처음 접했다.

몰츠 박사는 컬럼비아대학 출신의 세계적으로 유명한 성형외과 의사다. 그는 오랜 세월 동안 여성들의 성형 수술을 집도하면서 어떤 한 가지 사실을 깨달았다. 수술 후 몇 년이 지나자 성형 수술을 받은 여성들의 인생이 예외 없이 좋은 방향으로 변화했다는 사실이다. 이를 설명하기 위해 그는 '자기 이미지'라는 말을 사용했다.

성형 수술을 받는 여성은 틀림없이 자신의 외모에 열등감을 느끼고 있다. 여성의 80퍼센트는 어떤 형태로든 자신의 외모에 적지 않은 열등감을 갖고 있다고 하는데, 그렇다고 해서 그 여성들이 모두 성형 수술을 받지는 않는다. 성형 수술을 받으려면 비용도 많이 들 뿐만 아니라 상당한 용기가 필요하기 때문이다. 따라서 성형 수술을 받기로 결심한 여성들은 그들 나름대로의 강한 동기가 있을 것이다.

성형 수술은 자신의 외모 중 불만족스러운 부분을 마음에 드는 모습으로 바꾸는 수술이므로, 수술 후에는 당연히 자신이 좋아하는 얼굴, 바라던 얼굴이 된다. 그러면 수년 뒤에 이 여성들의 인생은 어느 정도 개인차는 있지만 대부분 좋은 방향으로 급커브를 튼다고 한다. 이것은 어떤 의미에서 매우 당연한 일이다.

물론 예외도 있었다. 성형 수술을 받은 여성들이 모두 행복한 방향으로 변화를 보인 것은 아니라는 것이다. 몰츠 박사는 그 예외적인 여성들의 경우 "수술 후에도 자기 이미지에 변화가 없었다"고 설명했다. 수술이 성공한 대부분의 여성이 자신의 외모가 좋아졌다고 생각한 데 반해 예외인 여성들은 자신의 외모가 달라지지 않았다고 생각한 것이다. 이 양자를 비교하면 어떤 중대한 사실을 알 수 있다. 그것은 자신의 외모가 바뀌었다고 생각하느냐 아니냐에 따라 인생이 달라진다는 사실이다. 중요한 건 변화했다고 믿는 것이지 '누가 더 예쁜가?'는 아니란 말이다.

또 아주 간단한 성형 수술을 받은 어떤 여성의 경우 주위 사람들은 그 여성이 성형 수술을 받았는지조차도 알지 못했다. 그런데도 그 여성의 인생은 전보다 훨씬 더 좋은 방향으로 바뀌었다. 본인 스스로 달라졌다고 생각했기 때문이다.

이 사례를 접한 몰츠 박사는 "성형 수술을 한 여성의 인생이 좋은 방향으로 바뀐 것은 반드시 외모가 달라져서가 아니다. 중요한 건 외모가 달라졌다고 믿는 것이다. 결국 그녀들의 인생을 좋은 방향으로 바꾼 건 믿음의 결과로 탄생한 새로운 자기 이미지다"라고 결론내렸다. 즉 자신의 외모를 어떻게 생각하느냐가 여성의 인생에 커다란 영향력을 끼치는 것이다.

그렇다면 굳이 성형 수술을 받지 않아도 자신이 전보다 예뻐졌다고 믿는다면 인생이 충분히 달라질 가능성이 있다는 결론을 내릴 수 있다.

거울을 들여다보면 맘에 드는 부분보다 맘에 들지 않는 부분이 더 눈에 들어오기 마련이다. 하지만 이제부터라도 당신 외모의 장점만 떠올리도록 노력하라. 다음 주문의 말은 당신을 이 세상에서 가장 아름다운 사람으로 만들어줄 것이다.

|

"나는 내 얼굴이 이 세상에서 가장 맘에 든다."

Section 10

되고 싶은 내 모습을 소리 내어 말하라

사람마다 성격은 제각각이다. 느긋한 사람이 있는 반면 성급한 사람도 있다. 밝다, 상냥하다, 명랑하다, 다정다감하다, 심지가 곧다, 섬세하다, 고집이 세다, 정의롭다, 신경질적이다, 성실하다, 끈기가 있다, 예민하다, 무뚝뚝하다 등 성격과 성향을 표현하는 말은 무수히 많다. 그렇다면 이 중에서 당신 자신을 표현하는 말은 무엇인가?

'자신이 생각하는 내 모습'과 '다른 사람이 본 내 모습'에는 어느 정도 차이가 있기 마련이다. 당신 또한 이러한 차이를 고려하면서 자기 이미지를 형성했을 것이다.

그렇다면 그 모습은 과연 진실일까? 그것은 얼마나 근거가 있는 자기 이미지일까? 결론부터 말하면 모든 것은 당신의 '믿음'에서 비롯된 것이다. 당신이 지금까지 살아오면서 마주친 여러 가지 사건이나 그때 했던 말과 행동, 가정환경이나 당신을 둘러싼 주변 사람들의 영향 등에 따라 '우연히' 형성된 믿음이 당신의 자기 이미지를 결정했다.

다른 사람이 당신을 어떻게 해석하고 어떻게 평가하는가도 마찬가지다. 움직일 수 없는 사실 따위는 거의 없으며, 그 사람이 멋대로 그렇게 믿고 있을 뿐일 경우가 더 많다.

그러나 어떤 자기 이미지이든 그것을 형성한 최종적인 책임은 당신 자신에게 있다. 자신을 어떻게 받아들이고 어떻게 해석하느냐는 당신 몫이다. 당신에 대한 타인의 해석이나 평가도 당신이 그것에 어떤 의미를 부여하느냐에 따라 달라진다.

중요한 건 일단 완성된 자기 이미지도 얼마든지 바꿀 수 있다는 것이다. 당신이 희망하는 자기 이미지를 지금까지의 자기 이미지보다 의식적으로 더 강렬하게 마음속으로 그리면 새로운 자기 이미지가 과거의 자기 이미지를 놀라울 만큼 쉽게 몰아내고 대신 그 자리를 차지한다. 어디까지나 자신이 그렇다고 강하게 믿는 것이 중요하다. 그리고 이것을 자신에게 소리 내어 말한다.

"나는 성격이 밝고 사람들과 이야기하는 것을 좋아해."

"나는 항상 열심히 일하고, 금전운도 좋아."

"나는 가족을 소중히 여기고, 가족에게 사랑받고 있어."

당신의 믿음을 이렇게 말로 표현하는 순간, 그때까지 존재하지 않았던 또 한 명의 자신이 탄생한다.

능력, 외모, 금전 등도 그 사람이 생각한 수준 이상은 도달하지 않는다. 그 수준을 뛰어넘고 싶다면 더 큰 희망을 품고 마음속으로 더 멋진 자기 이미지를 그려야 한다. 처음에는 터무니없는 생각으로 느껴지는 바람도 시간이 경과하면 이윽고 몸과 마음에 완전히 배어든다. 그리고 마침내 새로운 자기 이미지가 확립된다.

> 내 이미지는 스스로 만들어가는 것이다. 다음 주문의 말을 매일 반복하면 이 말이 당신의 몸과 마음에 깊이 각인돼 당신의 존재 가치를 높여줄 것이다.

"나는 이 세상 누구보다 소중해."

Section 11

나의 매력은
내가 가장 잘 아는 법이다

자기 이미지와 자신감은 자신의 외모가 뛰어나다고 생각할 수록 높아지는 경향이 있다.

특히 여자들은 머리 모양이 마음에 들거나 멋진 옷을 차려 입었을 때 자기가 하는 일에 자신감을 갖게 되며 본인에 대해서도 긍정적으로 생각한다는 연구 결과가 있다. 이처럼 외모는 자신에 대한 이미지는 물론이고 자신감에 큰 영향을 미친다. 그리고 이러한 점은 남자도 마찬가지다.

그러나 아무리 외모가 아름다워도 매일 찌푸린 인상에 부정적인 말을 습관처럼 내뱉는다면 그 사람이 진정으로 아름답다고 할 수 있을까? 부정적인 말버릇은 자신을 사랑하지 못하는 사람들의 특징 중 하나다. 자신을 사랑하지 못하면 타인에게 사랑받고 있다는 만족감도 느끼기 어렵다.

사람은 누구나 자기만의 매력을 지니고 있다. 가령 긍정적인 생각과 긍정적인 말투는 자신뿐만 아니라 주변 사람들까지도 기분 좋게 하는 매력이 있다.

따라서 '나는 매력적인 멋진 남자(여자)야'라고 믿는 것은 커다란 의미를 지닌다. 이때 '매력적인 멋진 남자(여자)'라는 것은 소위 미남상(미녀상)이냐 아니냐와는 전혀 상관이 없다. 그것은 내면에서 빛나는 무언가가 있느냐 없느냐의 문제다. 물론 '내면은 눈에 안 보이잖아? 좀 더 확실하게 사람들에게 어필할 수 있는 것이 필요해'라고 생각하는 사람도 있을 것이다.

하지만 사람은 당신이 생각하는 것 이상으로 내면을 꿰뚫어보는 능력을 지니고 있다. 내면의 빛은 웃는 얼굴, 가슴을 활짝 편 자세, 자신감 있는 동작, 차분한 말투 등에서 자연스럽게 나타난다. 자신도 의식하지 못하는 우연한 순간에 여실히 나타나는 것이다.

심리학에는 '심리 역학'이라는 분야가 있다. 이 분야의 연구에 따르면 인간이라는 존재는 자신과 가장 가까이 있는 사람에게서 심리적 영향을 가장 크게 받는다고 한다. 그러니 매일 거울 속 자신과 마주하는 시간을 가져라. 내 얼굴이 이 세상에서 가장 맘에 든다는 생각으로 거울을 바라보라. 그 생각만으로도 자신의 얼굴이 점점 좋아진다. 표정에도 변화가 일어나고 점점 멋진 얼굴이 되어간다. 당신의 매력을 제일 잘 이해하는 사람은 바로 당신 자신이다. 자신의 본 매력을 빠짐없이 발견하고 다른 사람에게 어필하려면 먼저 자신과 친해져야 한다. 마음에 드는 부분도, 조금은 마음에 들지 않는 부분도 전부 긍정적으로 바라보라.

여자의 경우를 예로 들면, 눈은 크지 않아도 눈동자가 맑아서 예쁘다, 정면에서 봤을 때의 모습이 참 멋있다, 머리카락이 반짝반짝하고 찰랑거린다, 코가 너무 높지 않아 귀엽다, 입술이 도톰해서 섹시하다, 속눈썹이 유난히 길다 등 구체적으로 외모의 장점을 찾아보는 것이다.

그리고 "세상에 이렇게 예쁜 얼굴이 또 어디 있을까? 틀림없이 모두가 좋아할 거야"라고 소리 내어 말해보라. 그러면 반년에서 1년 뒤에는 반드시 그런 모습으로 되어 있을 것이다.

열등감이라는 것은 '조금은 불만, 조금은 불행'이라는 감각이 다른 형태로 나타난 것이다. 심지어 미모를 타고난 여성일지라도 어떤 형태로든 열등감을 가지고 있다. 오히려 그런 사람일수록 더 많은 불만에 쌓여 있는 경우도 많다.

그렇다면 이런 열등감에서 벗어나 자신에게 만족하고 내면을 빛내기 위한 첫걸음은 무엇일까? 그것은 타인의 평가를 지나치게 신경 쓰지 않고 자신을 믿는 것이다. 즉 자신만의 신념을 갖는 것이다. 그것이 가능해졌을 때 비로소 타인을 신뢰할 용기도 생긴다.

또 가슴이 두근거릴 만큼 즐거운 일에 몰두하게 되면 뇌는 베타엔도르핀과 엔케팔린이라는 쾌감 호르몬을 분비한다. 희열감과 행복감을 불러일으키는 이 두 호르몬의 작용으로 당신의 내면은 빛을 낸다. 가장 좋은 예가 연애다.

"감기에 걸린다는 것은 사랑을 하지 않는다는 증거다. 사랑을 하면 타액도 달라진다. 면역력을 높이는 호르몬이 많이 생겨서 유행성 감기 따위에는 굴복하지 않는다."

이는 내가 자주 하는 말이다. 실제 교제로까지 발전하지 않더라도 이성에 대해 설렘이나 두근거림을 느끼는 것만으로도 우리 몸은 좋은 컨디션을 유지할 수 있다. 호르몬의 영향 때문이다. 이 효과를 응용하면 자신이 젊다고 생각하는 사람은 실제로 젊고 건강하게 살 수 있다.

'나는 예뻐', '나는 젊어'라는 자기 이미지를 가진 사람은 단순히 그렇게 믿고 끝나는 것이 아니라 실제로 아름다움이나 젊음을 유지하는 체내 생화학 물질이 분비돼 몸속에서부터 그 믿음을 실현해 나간다.

매일 거울 속의 나를 보고 이렇게 말해보라. 이 주문의 말이 당신이 가지고 있는 단점까지 장점으로 승화시켜줄 것이다.

"나는 충분히 멋진 사람이야."

Section 12

자존심이 있는 사람은
품위 있게 말한다

앞에서 일단 형성된 자기 이미지도 더욱 강렬한 것으로 바꿀 수 있다고 이야기했다. 한 번만이 아니다. 몇 번이든 새로 갱신할 수 있다. 되고 싶은 자신, 이루고 싶은 꿈이나 희망, 손에 넣고 싶은 것 등은 시간이 지나면서 계속 바뀌기 마련이다. 자기 이미지는 말하자면 인생의 설계도 같은 것이다. 당신의 인생이 깊어짐과 동시에 설계도도 다시 새로 그려나갈 필요가 있다.

내 지인의 딸은 20대 후반에 은행 대출을 받아 아파트를 구입했다. 이럴 경우 보통은 대출금을 상환하기 위해 아끼면서 생활한다.

그런데 그녀는 달랐다. 새집에서 살기 시작한 지 불과 3년 만에 회사를 그만두고 미국으로 어학연수를 떠나기로 한 것이다.

"매달 상환해야 할 돈은 지금까지 저금한 돈으로 충당할 수 있어요. 그러려고 3년 동안 열심히 일한 거예요. 이곳을 떠나 있는 동안에도 대출금은 계획대로 줄어들 것이라고 생각하니 일할 맛이 났지요."

그녀는 이렇게 말했다. 미국에서는 학교 기숙사에서 생활했고, 학비를 포함한 모든 비용을 다 합쳐도 일본에서 생활에 들어가는 비용보다 적었다고 한다. 그녀는 미국에서 1년 동안 열심히 공부해서 어학력을 활용할 수 있는 일자리를 구할 생각이라고 했다. 귀국 후 그녀는 그 말대로 재취업에 성공했다. 그리고 수입도 더 늘어나서 대출금을 갚는 기간을 크게 단축했다.

그녀처럼 자신을 최대한 높은 수준으로 끌어올리고 싶어 하는 향상심이 있는 사람은 기존의 낡은 자신에게 집착하지 않는다. 새로운 자기 이미지를 확립하면 더욱 바람직한 인생으로 방향 전환을 꾀할 수 있음을 알기 때문이다. 또 향상심을 지닌 사람은 자존심이 강하기 마련이다. 흔히 자존심이 강하다고 하면 '자신을 대단한 사람이라고 믿는 오만한 사람'이라고 생각하기 쉽다. 하지만 여기에서 말하는 자존심은 '자신의 인격을 존중하고 품위를 유지한다'는 뜻이다.

자존심이 있는 사람은 품위 있는 말을 사용한다.

"우리 같은 가난뱅이는…"

"어차피 월급쟁이니까…"

"죽어라 일해봤자 중소기업의 계장에서 끝이지 뭐…"

이와 같이 자신을 비하하는 표현은 최대한 피한다.

그 대신 "지금은 경제적으로 쪼들리지만 앞으로는 훨씬 풍요로워질 거야", "재능을 인정받아 지금의 회사에서 일하고 있어. 앞으로 더 많은 능력을 보여줄 거야"처럼 미래의 가능성이 엿보이는 표현을 많이 사용한다. 긍정적인 인생관을 이야기할 수 있는 사람은 장래에 유망한 인재로서 직속 상사뿐만 아니라 모두의 주목을 받는다. 그리고 주변 사람들로부터 "저 친구와 이야기를 나누면 왠지 기운이 솟아" 같은 이야기를 들으며 자연스럽게 주변에 사람들이 모여들게 된다.

자존심은 본래 타인을 진심으로 존경할 수 있는 사람만이 아는 자신에 대한 사랑의 마음이다. 자기만족과는 정반대로 자신이 미완성임을 인정하는 인식이다. 자존심이 있기 때문에 자신이나 인생을 소중히 여기려 하는 향상심도 솟아난다. 자존심이 없는 사람은 자기 성장에는 관심이 없다. 다시 말해 자신을 아무렇게나 방치해버란다.

자존심은 우리 인간이 잘 살기 위한 최고의 보물이다. 이것을 더욱 갈고 닦으려면 자신뿐만 아니라 타인에 대해서도 그 인격을 존중하고 품위 있는 말을 골라서 사용하는 것이 중요하다.

자신감을 잃어버려 무엇을 시작하는 게 두렵다면 다음 주문의 말을 외쳐라. 잃어버린 자신감과 자존심을 되찾는 것은 물론 덤으로 용기까지 얻게 될 것이다.

"이번 일은 반드시 성공할 거야."

Section 13

유쾌한 말로
패배의식을 몰아내라

1장에서 언급한 승자 유전자와 발현 유전자는 우리가 무한한 가능성을 숨긴 존재임을 암시한다. 그런데 기껏 물려받은 재산을 제대로 활용해보지도 못한 채 인생을 마치는 경우도 허다하다. 이것은 바로 자신의 성장을 방해하려고 하는 믿음, 즉 '제한 유전자'의 소행이다.

발현 유전자가 승자 유전자에 입력된 무한대의 성장을 지원하려고 하는 데 반해 제한 유전자는 항상 성장에 제동을 건다. 예를 들어,

"나는 몸이 약하니까 평균 수명까지 살지 못할 거야."

"학벌이 안 좋아서 승진은 도저히 무리야."

"얼굴이 안 예뻐서 좋은 결혼 상대는 만나지 못하겠지."

이것도 무리, 저것도 무리라는 식이다. 이렇게 제한 유전자가 활개를 치면 원치 않아도 '패배의식'이 생겨버린다. 결국 자신의 진가를 발휘하지 못한 채 하찮은 인생을 살 수밖에 없게 된다.

그렇다면 성장을 방해하는 '패배의식'을 몰아내고 '이기는 습관'을 들이는 방법은 없을까? 일상 속에서 실천할 수 있는 손쉬운 방법이 하나 있다. 바로 유쾌함에 바탕을 둔 언어 습관을 기르는 것이다. 몸과 마음을 유쾌하게 해주는 말들을 자주 하는 것만으로도 제한 유전자의 활동을 봉쇄시켜버릴 수 있다.

유쾌한 언어 습관 때문인지 나는 70대임에도 불구하고 체력과 기력 모두 충실해서 "어떻게 항상 그렇게 젊고 활기가 넘치시는 겁니까?"라는 말을 자주 들을 정도다. 나는 30년 이상 매일 아침 조깅을 하면서 "몸과 마음 모두 10년은 젊어졌어!"라는 말을 말버릇처럼 했다. 이 또한 '유쾌함'을 만들어내는 데 큰 몫을 하고 있다. 대부분의 사람들은 나의 건강과 체력에 대해 "저희와는 유전적으로 다르네요"라고 말한다. 하지만 그건 전혀 아니다. 나는 특별한 유전자를 갖고 태어난 것이 아니라 나이나 젊음에 대한 자기 이미지가 특별할 뿐이다.

젊어도 늙게 사는 사람이 있고, 늙어도 젊게 사는 사람이 있다. 늙게 사는 사람은 본래 나이보다 들어 보이고, 젊게 사는 사람은 본래 나이보다 젊어 보인다. 나이가 들어도, 혹은 나이가 많아도 항상 즐겁고 활기차게 살 수 있도록 도와주는 주문의 말은 바로 이것이다.

|

"나이는 숫자에 불과할 뿐이야."

Chapter

낙천적 사고가
인생을 풍요롭게 한다

SPEAKING PSYCHOLOGY

나는 낙심하지 않는다.
모든 잘못된 시도는 전진을 위한 또 다른 발걸음이니까.

− 토머스 에디슨(Thomas Edison)

Section 14

'벌써'와 '아직'으로 인생이 뒤바뀐 두 사람

사람은 살면서 수많은 사건들과 마주친다. 그런데 그 사건을 어떻게 받아들이느냐는 사람마다 다르다. 오래 전에 내 강의를 듣던 30세의 독신 여성 두 명이 있었다. 두 사람은 같은 회사에 다니는 친구 사이로 기질이나 성격은 정반대였다. 당시 그녀들은 각자 이런 감상을 털어놓았다.

A : "아아, 벌써 서른이 됐네. 내 인생은 이제 끝났어. 눈가에 주름은 생겼지, 좋은 남자는 찾지도 못했지, 이대로 점점 나이만 먹다가 쓸쓸하게 죽게 될 거야."

B : "무슨 소리야? 아직 서른밖에 안 됐잖아. 인생은 지금부터야. 나는 앞으로 결혼도 할 거고 아이도 최소 둘은 낳을 거야."

매사에 비관적인 A와 매사에 낙관적인 B. 두 사람의 사고방식 차이는 표현의 차이에서부터 드러난다. 두 사람의 대화를 좀 더 주의 깊게 관찰하면 이들의 차이를 두드러지게 하는 것은 '벌써 서른'과 '아직 서른'임을 알 수 있다. 같은 나이인데도 A는 '벌써'라고 말하고 B는 '아직'이라고 말한 것이다. 이 사소한 말버릇의 차이가 그 후 두 사람의 인생을 완전히 바꿔버렸다.

10년이라는 세월이 흘러 두 사람 모두 40세가 되었다. A와 B는 과연 어떻게 변했을까?

'벌써'가 말버릇인 A는 자신이 생각한 대로 확실히 주름투성이가 되었고 여전히 독신으로 살고 있다. 반면 B는 5년 전에 결혼해서 지금은 두 아이의 엄마가 됐지만, 20대였을 때는 찾아볼 수 없었던 매력을 갖춘 여성이 되었다.

두 사람의 인생이 이렇게 차이 나버린 건 상황을 낙관적으로 받아들이느냐 비관적으로 받아들이느냐의 차이 때문이다. 이러한 사고방식으로 볼 때 이 두 명의 여성이 지금으로부터 다시 또 10년이 지났을 때 지금보다 삶의 질에서 더욱 큰 차이를 보일 것은 불 보듯

뻔하다.

정신의학자이자 철학자인 조셉 머피(Joseph Murphy)는 '좋은 일을 생각하면 좋은 일이 일어나고 나쁜 일을 생각하면 나쁜 일이 일어난다'고 했다. 어찌 보면 상당히 단순한 말이지만 이 말에는 인생을 성공으로 이끄는 궁극의 진리가 담겨 있다. 즉 상황을 낙관적으로 받아들이는 자세가 인생에서 얼마나 긍정적으로 작용하는지 알려주고 있는 것이다.

긍정적인 말버릇을 활용해 더 나은 인생을 살고자 할 때 반드시 필요한 조건이 있다. '벌써'라는 말버릇을 '아직'으로 바꾸는 것이다.

예를 들어 지갑에 만 원짜리 지폐 한 장밖에 없다고 가정하자. 이때 "벌써 만 원밖에 안 남았네"와 "아직 만 원이나 있네"는 똑같은 만원이라고 해도 그 느낌이 완전 다르다. 말버릇 하나 바꿨을 뿐인데도 조급함, 불안함 등의 부정적인 감정이 사라지고 여유롭고 안정적인 심리 상태가 되는 것이다.

낙천적 사고는 무슨 일이든 긍정적으로 받아들이고, 생각하는 것이 즐거우며, 결과적으로 마음속 어딘가가 만족하는 사고방식을 의미한다. 낙천적 사고가 비관적 사고보다 좋은 이유는 우리 몸이 생각하는 것, 의식하는 것에 반응하기 때문이다. 우리가 즐거운 생각을 하면 쾌감 호르몬이 분비된다. 반면에 비관적인 사고에 사로잡히면 긴장했을 때 분비되는 나쁜 호르몬이 나온다. 이 호르몬은 면역력을 낮추고 노화를 촉진하며, 생활습관병을 유발하기도 한다. 단순한 사고방식, 말버릇의 차이가 전혀 다른 결과를 낳는 것이다.

비록 일이 순조롭게 풀리지 않더라도 항상 이 말을 마음에 새기고 생각날 때마다 자주 소리 내어 말하라. 작은 긍정이 쌓이고 쌓이다 보면 반드시 좋은 결과가 생긴다.

|

"모든 일이 술술 잘 풀려!"

Section 15

이성을 사로잡는 두근두근 호르몬의 정체

 서로 사랑하는 연인이 있었다. 일요일 아침, 남자가 여자에게 전화를 걸어 어떤 레스토랑에서 저녁을 먹자고 약속했다. 여자는 그 전화를 받은 순간부터 가슴이 두근거리고 들뜬 기분으로 저녁 데이트만을 생각했다. 무엇을 입고 갈까? 미용실에 다녀올까? 이럴 때 '두근두근 호르몬(베타엔도르핀 등의 쾌감 호르몬)'이 분비된다. 여자는 눈빛도, 얼굴의 윤기도 달라져서 누가 봐도 '오늘 밤에 데이트가 있군'이라고 짐작할 수 있을 정도다.

 목이 빠져라 저녁 약속 시간을 기다리던 여자는 일찌감치 집을 나와서 약속 장소에 30분이나 일찍 도착했다. 그리고 남자가 오기를 기다리는 동안에도 두근두근 호르몬은 계속 분비된다.

얼마 후 남자가 나타나자 여자는 행복감에 휩싸인다. 두 사람은 손을 잡고 근처 레스토랑으로 간다. 세련된 분위기의 레스토랑에서 두 사람은 이탈리아 요리를 즐긴다. 맛있는 요리와 즐거운 대화 속에서 두 사람 모두 쾌감 호르몬의 혜택을 듬뿍 받는다. 그야말로 행복감의 극치이다. 식사를 마친 후 두 사람은 근처 호텔에서 사랑을 나눴다.

그런데 이 여자가 다음과 같은 심리 상태였다면 어떻게 되었을까?

아침에 남자로부터 전화가 와서 저녁에 데이트를 하기로 약속했다. 여자는 잠시 가슴이 두근거렸지만 금방 다른 생각에 사로잡히기 시작했다. 사실 여자는 늘 남자가 자신을 버리는 것이 아닐까 하는 공포심에 사로잡혀 있었다. 여자는 '아까는 평소와 다름없는 말투로 데이트를 신청했지만, 레스토랑에 데리고 가서 헤어지자는 말이라도 꺼내려는 게 아닐까?'라고 생각한다. 그러자 쾌감 호르몬 대신 공포 호르몬인 아드레날린과 스트레스 호르몬인 노르아드레날린이 분비되기 시작한다. 이들 호르몬은 혈관을 수축시키고 활성 산소를 대량으로 방출시키기 때문에 여자가 약속 장소에 도착했을 때는 이미 안색도 나쁘고 매력도 반감돼 있었다. 두 사람은 예정대로 레스토랑에서 식사를 했지만 대화가 전혀 즐겁지 않다. 게다가 작은 오해로 싸움이 벌어져 두 사람은 일찌감치 데이트를 끝내고 불쾌한 마음으로 각자 집으로 돌아간다.

이 두 가지 이야기만 봐도 한 사람의 심적 상태가 인간관계에 어떤 차이를 가져다주는지 충분히 알 수 있다. 데이트 생각에 하루 종일 가슴이 두근거린 여자는 데이트의 즐거운 부분만을 상상했다는 의미에서 낙천적인 사람이라고 할 수 있다. 낙천적인 사람에게는 낙천적인 사건이 일어나기 마련이다. 그에 비해 두근거림이 없었던 여자는 비관적으로 사건을 생각한 결과 거의 자신이 생각한 그대로의 결과를 초래하고 말았다.

이번에는 두 사례 모두 사실은 남자가 헤어지자는 이야기를 꺼낼 생각이었다고 가정하자. 그러나 두근두근 호르몬의 분비로 행복감에 휩싸인 여자를 본 남자는 생각을 바꿀 가능성이 매우 크다. 행복감에 휩싸인 여자는 충분히 매력적으로 보이기 때문이다. 그러나 나쁜 상상을 해서 불안감에 휩싸인 여자의 침울한 얼굴에선 전혀 매력을 느낄 수 없으니, '역시 헤어지자'라고 생각할 것이다.

"나는 연애할 체질이 아냐", "나는 어리지도 예쁘지도 않아", "나는 이성한테 인기가 없어"… 당신은 혹시 이런 말들로 스스로를 괴롭히며 사랑의 키워드를 거부하고 있진 않은가? 이런 사고방식은 당신을 연애와 점점 멀어지게 만들 뿐이다.

사랑이 간절히 하고 싶을 때, 당신의 뇌를 연애 모드로 전환시켜줄 주문의 말은 다음과 같다.

"나는 이 세상에서 가장 좋은 여자(남자)야."

Section 16

비관에 빠지지 않는
세 가지 법칙

사람은 흔히 사실을 '움직일 수 없는 엄숙한 것'으로 생각한다. 자신이 '60세가 되었다'고 가정하자. 이때 비관적인 생각이 강한 사람은 60세라는 나이를 '인생의 황혼기'처럼 생각하며 어두운 색을 칠한다. 한편 낙천적인 사람은 '아직 60밖에 안 됐네?'라고 생각하며 밝은 색을 칠한다. 그렇다. 사실은 사실로서 존재할 뿐 그 밖의 무엇도 아니다. 사실에 색을 입히는 존재는 그 사람 자신이다.

사실 인간이 마주하는 현실은 전부 비슷비슷하다. 정리 해고, 상사와의 불화, 부부 사이의 말다툼, 교통사고, 아이의 교육 문제, 낙방, 실연, 빚 독촉…. 이런 일들은 낙천적인 사람에게나 비관적인 사람에게나 똑같이 일어날 수 있다. 하지만 이런 사실들은 무색투명하므로 사람들은 여기에 색을 칠하기 시작한다. 다시 말해 저마다의 방식으로 사실을 받아들이기 시작한다는 것이다.

가령 지갑을 잃어버렸다고 치자. 누구나 당장은 마음이 우울해질 것이다. 그러나 긍정적인 발상이 가능한 사람은, 예를 들면 '아파서 치료비로 돈을 썼다고 생각하자'라는 식으로 받아들이고 문제를 해결한다. 그런데 비관적인 사람은 시간이 지나도 우울한 기분을 떨쳐내지 못한다. 그리고 이 때문에 또 다른 실수까지 저지르고서는 '뭔가 불길한 일이라도 일어나려는 게 아닐까?'라며 점점 비관의 수렁에 빠져든다.

심리학자 데니스 웨이틀리(Denis Waitley)는 "비관론자들은 모든 기회에 숨어 있는 문제를 보고, 낙관론자들은 모든 문제에 감춰져 있는 기회를 본다"라고 말했다. 사실에 어떤 색을 칠하느냐는 당신 자신에게 달려 있다. 하지만 사람은 위험을 회피하고자 하는 본능에서 매사를 나쁜 쪽으로 생각하는 습관이 있다. 이 습관을 방치하면 십중팔구는 '나쁜 상상'을 하게 되는데, 항상 머릿속에서 생각하는 내용은 그것이 무엇이든 간에 종종 현실이 된다.

그러므로 당신에게 궁극의 긍정적인 사고를 알려주겠다. 다음 세 가지 법칙을 머릿속에 각인시키기 바란다. 그리고 비관적인 사고에 빠질 것 같으면 이 세 가지 법칙을 떠올리고 소리 내어 말해보기 바란다. 틀림없이 기운이 나면서 낙천적인 기분이 될 것이다.

- 법칙 1. 내게 일어나는 일은 전부 내게 이익이 될 것이다.
- 법칙 2. 내게 일어나는 일은 전부 내 힘으로 해결할 수 있다(내가 해결하지 못할 일은 내게 일어나지 않는다).
- 법칙 3. 내게 일어난 문제의 해결책은 생각지도 못한 방향에서 찾아온다(그러니 지금은 손 쓸 수 없는 상태라고 해도 결코 의지가 꺾여서는 안 된다).

걱정은 또 다른 걱정을 낳고, 긍정은 또 다른 긍정을 낳는다. 모든 일들이 잘 풀리길 바란다면 당신 안에 자라고 있는 걱정의 뿌리를 뽑아버려라. 그리고 이렇게 소리 내어 말하라.

"걱정 마. 반드시 해결될 거야."

Section 17

걱정거리의 80퍼센트는 실제 일어나지 않는다

내가 어렸을 때, 밤이 되면 당시 같이 살았던 증조할머니께서 괴담을 들려주셨다. 지금 생각해보면 나를 얌전히 재우려고 즉흥적으로 이야기를 만들어내신 것이다.

어른이 되면서 도깨비나 귀신이 실제로 존재하지 않는다는 사실을 알게 됐지만 그럼에도 나는 그런 것들이 여전히 조금은 두렵다. 이성적으로는 실재하지 않음을 알고 있는데도 감성을 통해 의식 내용이 될 수 있는 것이다.

이와 비슷한 공포감 중에 누구나 경험하는 것이 바로 '걱정'이다.

인간의 몸과 마음의 관계는 참으로 신기해서, 아직 일어나지도 않은 미래의 좋지 않은 사건을 걱정이라는 형태로 의식한다. 그러면 우리 몸에 변화가 나타난다. 상상의 산물에 지나지 않는데도 걱정거리가 있으면 안색이 나빠지고 식욕도 사라지며 몸의 컨디션도 망가진다.

걱정거리의 80퍼센트는 실제로 일어나지 않는다고 한다. 그렇다고 나머지 20퍼센트는 확실히 일어나는가 하면 그렇지도 않다. 나머지 20퍼센트의 대부분도 미리 대비하면 사전에 싹을 꺾어버릴 수 있는 일들이다. 그렇기 때문에 사람이 하는 걱정 가운데 정말 걱정할 가치가 있는 일은 전체의 4퍼센트에 불과하다고 한다. 즉 걱정할 필요가 없다는 것이다.

일반론은 이렇지만, 그렇다고 해도 걱정하는 사람의 마음은 평온할 수 없다. 걱정이 많은 사람은 주위 사람들이 웃고 말 일에도 앓아누울 만큼 영향을 받는 경우가 드물지 않다. 한 가지 강조해두고 싶은 점은 걱정과 말버릇의 연관성이다. 1년 내내 "불안해. 걱정이야", "어떡하지?", "큰일이네, 큰일이야!"라는 말을 입에 달고 살면 그 걱정이 현실이 될 확률은 훨씬 높아진다.

오래 전 내가 고등학생 시절에 있었던 일이다. 나는 나와 똑같은 전철로 통학하는 한 여고생에게 마음이 있었다. 밤에 공부하다가도 '내일 또 전철에서 만나면 어떡하지?'라고 생각하면 멀쩡하던 뺨이 빨갛게 달아올랐다. 가슴의 두근거림이 멈추지 않았다. 이것은 실제로 그 여고생을 만났을 때와 똑같은 반응이라고도 할 수 있다. 실제든 상상이든 자율신경계는 똑같이 받아들인다. 즉 자율신경계는 차원(과거, 현재, 미래)이라는 개념이 없어서 의식이나 상상에 즉시 반응하는 것이다. 이것은 걱정에 대해서도 똑같다. 만일 자율신경계의 이런 메커니즘을 이해한다면 지금부터라도 걱정하는 습관을 바꾸고 싶을 것이다.

연애의 경우를 예로 들면, 앞에서도 얘기했지만 애인에게 버림받지는 않을까 내내 걱정하는 사람이 있다. 그런 사람은 정말로 언제든 버려질 확률이 높아진다. 데이트를 하면서도 그 생각이 머리에서 떠나지 않기 때문에 불안한 심리가 말이나 태도에 그대로 드러난다. 모처럼의 데이트를 진심으로 즐기지 못한다. 이런 태도로는 조만간 이별이 찾아올 수밖에 없는 것이다.

그렇다면 불안, 걱정에는 어떻게 대처해야 할까? 방법은 의외로 간단하다. 일어날지 일어나지 않을지 모르는 일은 '좋은 일이면 일어나고, 나쁜 일이면 일어나지 않는다'고 생각하자. 머릿속으로도 말로도 그렇게 되리라고 단정짓는 것이다. 그러면 마음의 평안을 얻을 수 있다.

그런데 만약 좋은 일이 일어나지 않고 나쁜 일이 일어났다면? 그래도 마음에 불안을 느끼며 보냈을 시간과 즐겁고 평안하게 보냈을 시간을 비교하면 내가 권한 방법이 훨씬 이익일 것이다.

우리가 생각하는 대부분의 걱정은 쓸모없는 것이다. 그럼에도 이런저런 걱정이 자꾸만 당신을 파고든다면 곧바로 이 한마디만 마음속에 새겨라.

"아무 문제없어. 난 아무렇지도 않아."

Section 18

지나치게 적극적인 사람은 쉽게 병든다

'적극적 사고'는 주로 비즈니스를 하는 사람이나 강력한 리더십을 추구하는 사람들에게 요구된다. 적극적 자세야말로 성공을 위한 밑거름이라고 말하는 사람도 있다. 그러나 적극적 사고가 지나치면 반드시 심리적 대가를 동반하며, 몸에 부정적인 영향을 끼칠 위험성도 있다.

의사 국가시험을 치르는 의학부 학생들을 대상으로 한 임상 실험의 사례가 이를 입증한다. 이 실험에서는 국가시험을 앞둔 의학부 학생들의 혈액 속에 들어 있는 호르몬 유사 물질인 '인터루킨-2'의 변화를 조사했다. 그 결과, 국가시험일이 다가올수록 인터루킨-2

의 혈중 농도가 현저히 낮아졌음이 확인됐다. 인터루킨-2는 인간 몸의 저항력, 특히 암에 대한 저항력을 관장한다. 의학부 학생들은 대체적으로 젊고 건강한 몸을 가지고 있지만 시험의 스트레스가 면역력을 현저히 저하시킨 것이다. 그들이 의사라는 최종 목표를 실현시키기 위해서는 강한 의지와 행동력, 신념이 있어야 하며, 당연히 이루는 과정 중에는 강한 스트레스가 등반될 수밖에 없다. 지나치게 적극적인 자세가 도리어 건강에 해를 끼친 것이다.

강한 스트레스나 불안감, 걱정 같은 심적 상태에 놓인 사람은 병에 걸리기 쉽다고 한다. 또 이와 같은 심적 상태에서 병에 걸리면 회복력이 약해진다는 사실도 알려져 있다.

면역력은 나이와 함께 저하된다. 따라서 중년 이후부터는 인터루킨-2를 감소시키는 심적 상황을 피하는 편이 좋다. 젊을 때의 적당한 스트레스는 오히려 스트레스 내성을 높이므로 좋은 측면도 있지만, 중년 이후부터는 가급적 스트레스를 줄일 필요가 있다.

내 지인 가운데 한 사람은 가난한 소년 시절을 보낸 까닭에 출세 지향자가 되어 어떤 일이든 목적 달성을 위해서라면 물불을 가리지 않았다. 그는 비즈니스에 관련해서는 일종의 천재였다. 수도권에 빌딩을 몇 채나 소유했으며, 해외에도 수많은 자산을 가지고 있었다. 그러나 60세에 접어든 무렵부터 계속 병다와 싸우다 64세라는 이른 나이에 세상을 떠났다. 내 주위에는 그와 같은 사람이 몇 명 더 있었다. 이들 모두는 늘 무언가에 쫓기듯 불안을 느낌과 동시에 적극적으로 살아왔다. 반대로 성공했으면서도 오래 사는 사람 역시 많다. 그런 사람들의 공통점은 적극적이면서도 동시에 낙천적인 사고의 소유자라는 것이다. 어떤 일이든 적극적인 자세로 몰두하는 것은 물론 좋다. 그러나 여기에는 그와 동시에 낙천가가 되어야 한다는 조건이 붙는다는 점을 반드시 기억하기 바란다.

이제껏 무언가에 쫓기듯 살아왔다면 잠시 한 걸음 뒤로 물러나도 괜찮다. 다음 주문의 말을 소리 내어 말해보라. 당신을 짓누르던 인생의 짐이 한결 가벼워질 것이다.

|

"아무려면 어때!"

Section 19

슬프니까 우는 게 아니라 우니까 슬픈 것이다

우리 몸속에서는 1초 동안 수억 회가 넘는 화학 반응이 일어나며, 이 생명 활동이라고도 할 수 있는 몸속의 생화학 반응을 항상 최적의 상태로 유지시키는 시스템이 있다. 이를 '항상성(恒常性)'이라고 하는데 일반적으로는 호메오스타시스(Homeostasis)라는 표현을 많이 쓴다. 음식을 먹으면 소화해서 배설하는 것, 더우면 땀을 내서 체온을 유지하는 것, 추우면 모공이 수축돼 코온 효과를 발휘하는 것, 이 모든 작용은 항상성과 관련이 있다.

그런데 우리가 아무것도 먹지 않았음에도 자율신경계가 오작동해 위산을 분비하거나 반대로 식사를 했는데도 위산을 분비하지 않을 때도 있다. 이는 호메오스타시스가 제대로 가동되지 않아 몸에 문제가 발생한 것으로, 자율신경실조증이라고 한다.

우리 집에서는 골든리트리버를 한 마리 키우고 있는데, 호메오스타시스가 항상 쾌적하게 기능하고 있어서 건강하게 하루하루를 보내고 있다. 그런데 동물과 달리 새로운 뇌를 발달시킨 인간은 새로운 뇌의 영향을 직접적으로 받는다. 꿈이나 희망으로 마음이 들뜰 때는 몸도 쾌적하게 동조하지만, 반대로 불안감이나 걱정거리가 있으면 자율신경계에 문제가 발생한다. 걱정거리가 있으면 안색이 나빠지는 이유는 부신(副腎)에서 나온 아드레날린이라는 호르몬이 모세혈관을 수축시키기 때문이다.

평상시에는 인간의 에너지 중 대부분이 동화(同化)에 사용된다. 동화는 외부에서 들어온 음식물 등을 몸에 필요한 성분으로 바꾸는 작업이다. 그런데 걱정하거나 불안감을 느껴 스트레스 상태가 되면 동화 작용에서 이화(異化) 작용으로 바뀐다. 그렇게 되면 아드레날린이 나오며, 걱정거리에 몸이 대응할 수 있도록 혈액을 근육계에 집중하기 때문에 심장 계열의 상태가 나빠진다. 계속 걱정하거나 불안해하면 위가 쓰리거나 감각계에 장애가 일어나는 것은 이 때문이다. 즉 호메오스타시스에 장애가 발생하면 병에 걸리거나 사고, 실수를 저지르기 쉬워지는 것이다.

호메오스타시스를 망가트리는 원인은 많다. 매일 섭취하는 영양소가 편중돼도, 흡연이나 음주, 수면 부족 등의 불규칙한 생활도 주된 원인으로 작용한다. 그러나 무엇보다도 가장 큰 요인은 스트레스다. 이 세상을 살아가는 한 그 누구도 스트레스를 피할 수는 없다. 심지어 우리 집 강아지조차 스트레스를 느낀다. 하지만 그렇다고 해서 내일 먹을 끼니를 걱정하지는 않는다. 개나 고양이는 미래의 일을 상상하다 스트레스 받는 일이 거의 없다. 반면에 인간은 새로운 뇌의 놀라운 활동을 통해 상상력을 최대한으로 발휘할 수 있기 때문에 나쁜 상상을 했을 때는 강한 스트레스를 느낀다. 긴장 상태도 일종의 스트레스로 건강이나 일을 망치는 요인으로 작용한다. 이런 스트레스, 나쁜 상상은 호메오스타시스를 생명을 파괴하는 방향으로 기능하게끔 한다.

걱정이 많은 사람은 암에 걸리기 쉽다. 고민이 많은 사람, 당황한 사람은 사고를 당하기 쉽다. 화를 잘 내는 사람은 범죄를 저지르기 쉽다. 겁이 많은 사람은 실패하기 쉽다… 이 모든 현상은 전부 생체 내 화학 반응의 변화로 설명할 수 있다.

우리는 기분 좋은 일은 하고 싶지만 불쾌한 일은 하고 싶어 하지 않는다. 그러나 자율신경계를 통해 일어나는 생체 내 화학 반응은 그런 우리의 생각과는 상관없이 기능한다.

예를 들어, 회사에서 정리 해고를 당하고 자포자기 상태가 되어 고주망태가 되도록 술을 마셨다고 하자. 이때 우리 몸은 "몸에 좋지 않으니 그만 마셔요"라고 말해주지 않는다. 간은 묵묵히 알코올을 분해할 뿐이며, 이 때문에 다른 중요한 작업을 하지 않은 결과 몸 전체의 기능이 쇠퇴하게 된다.

뒤에서 좀 더 자세히 다루겠지만 인간의 뇌에는 목적을 세우면 달성시키고자 하는 '자동 목적 달성 장치'가 있다. 하지만 이 장치가 반드시 우리의 새로운 뇌가 생각하는 '좋은 목적'만을 위해 작동하는 것은 아니다. 인생을 파괴할 수 있는 발상이나 행동을 한다 해도 그것을 그 사람의 목적으로 생각하고 돕는다. 그러므로 인생을 좀 더 좋은 방향으로 즐겁게 살고자 한다면 낙천적 사고를 가져야 한다. 그런데 대부분 사람들은 즐거운 일이 있으니까 즐거워지고, 슬픈 일이 있으니까 슬퍼진다고 생각한다. 이 사고방식에 입각하면 그 사람의 인생이 즐거워야 낙천적인 사고를 할 수 있게 된다.

"사람들은 내가 매사를 비관적으로 생각한다고 하지만, 비관하고 싶어지는 일만 자꾸 일어나는데 어쩌란 말이야? 나도 낙천적으로 살고 싶다고."

이렇게 말하는 사람을 위해 다음 일화를 들려주겠다. 바로 스트레스 학설을 맨 처음 발표한 한스 셀리에(Hans Selye) 박사의 이야기다.

셀리에 박사가 아직 소년이었을 때였다. 그가 어떤 이유로 길가에서 엉엉 울게 됐는데 이때 그의 할머니가 다가왔다. 할머니는 울고 있는 손자의 얼굴을 보면서 상냥하게 말했다.

"한스야, 울지 말렴. 우니까 슬퍼지는 거란다. 자, 웃어보렴."

이 말은 어른이 된 뒤에도 박사의 뇌리에 남아서 그가 스트레스 학설을 확립하는 데 크게 기여했다.

한스 셀리에는 "슬프니까 우는 것이 아니다. 우니까 슬픈 것이다"라고 주장했다. 상당히 단순한 이 말은 그야말로 궁극의 진리를 담고 있다. 행복과 불행의 객관적인 기준은 존재하지 않는다. 결국 그것 또한 내가 어떻게 정하느냐에 달려 있다는 것이다.

낙천적 사고를 하는 사람에게도 비관적인 일들은 일어난다. 그러나 낙천적인 사람은 비관적인 일도 낙천적으로 생각하는 반면, 비관적인 사람은 낙천적으로 생각해도 될 일까지 비관적으로 생각한다. 자율신경계의 활동, 즉 생체 내 화학 반응을 생각하면 어느 쪽이 더 나은 인생을 살 수 있을지는 굳이 설명할 필요도 없을 만큼 명백하다.

인생을 살다 보면 때론 성공보다 실패할 때가 더 많을 수도 있다. 이때 당신은 그 실패를 어떻게 받아들일 것인가? 실패를 인정하고 묵묵히 받아들일 때 또 다른 기회도 생겨난다. 실패를 딛고 다시 일어날 수 있게 해주는 주문의 말은 다음과 같다.

"나는 매일 조금씩 나아지고 있다."

Section 20

긴장하는 순간 자동 목적 달성 장치는 망가진다

"연습에서는 강하지만 실전에서는 약하다"란 말이 있다. 어떤 분야든 연습할 때는 잘되다가도 막상 실전에서는 전혀 실력이 나오지 않는 경우에 해당되는 말이다.

나는 골프를 그렇게 잘 치는 편은 아니지만 어쩌다 한 번씩 친선 골프 대회에 참가하곤 한다. 그럴 때는 최소한 창피는 당하지 않도록 조금은 연습해 두자는 생각에서 골프 연습장을 찾는다. 오랜만에 클럽을 휘둘러보면 굉장히 컨디션이 좋다. 공도 쭉쭉 뻗어 나가고 궤도도 좋다. '역시 예전에 익힌 솜씨가 어디 가지는 않는군'이라고 만족하면서 마음속으로 몰래 대회 우승까지 의식한다. 그래도 한 번 연습하는 정도론 부족해서 다시 한 번 연습장을 찾아간다. 이번에도 전과 다름없이 좋은 컨디션이다. 또다시 대회 우승을 의식한다.

그리고 대회 당일. 힘차게 스윙해보지만 공이 맞지 않고 뒤땅을 치기도 하고 오비가 나서 공을 잃어버리기도 하는 등 최악의 결과가 나왔다. 연습했을 때의 멋진 스윙은 모두 어디로 가버린 것일까?

원인은 명확하다. 우승을 의식한 순간 극도로 긴장해서 몸이 굳어버리는 바람에 스윙이 엉망이 된 것이다. 긴장이 계속되면 스트레스가 된다. 아무리 낙천적 사고를 한다고 해도 자동 목적 달성 장치는 극도의 긴장, 스트레스에 손쉽게 망가진다.

이와 관련된 일화가 하나 있다. 어렸을 때 나는 증조할머니의 귀여움을 받으며 자랐다. 증조할머니께서는 여든을 넘긴 연세에도 매우 건강하셔서, 날씨가 좋은 날에는 종종 툇마루에서 바느질을 하셨다. 할머니는 눈이 많이 침침하셨는데, 신기하게도 작은 바늘구멍에 실을 척척 꿰셨다. 마치 로봇처럼 정확하게 말이다. 내가 본 바로는 실패한 적이 단 한 번도 없었다. 실마리의 방향을 확인한 다음 실의 끝에 침을 발라서 뾰족하게 만들고 바늘구멍에 쏙 집어넣으셨다. 이때 바늘구멍은 거의 보지 않으셨다. 그래서 어느 날 "바늘구멍도 안 보시면서 어떻게 그렇게 정확하게 넣으세요?"라고 물어

보니 "몸이 기억하고 있단다"라고 말씀하셨다. 이 대답은 지금도 내 기억 속에 선명히 남아 있다.

당시는 그것이 신기해서 견딜 수가 없었다. 악동이었던 나는 할머니가 실패하는 모습을 꼭 한번 보고 싶었다. 그래서 어느 날 바느질하고 있는 할머니 옆에서 실을 꿰려는 순간을 기다렸다가 할머니에게 내기를 제안했다.

"할머니가 실패하지 않고 바늘구멍에 실을 넣으시면 제가 갖고 있는 10엔을 드릴게요. 하지만 실패하면 저한테 100엔을 주세요."

할머니는 나의 도전을 받아들이셨는데, 결과는 할머니의 실패로 끝났다. 항상 바늘구멍 따위는 보지 않고도 척척 실을 꿰시던 할머니가 이때만큼은 바늘구멍을 보고 실패하지 않도록 신중하게 시도했는데도 실패한 것이다.

그 이유는 무엇일까? 평소에는 무의식적으로 바늘구멍에 실을 쏙 집어 넣으셨는데 이때는 많이 긴장하셨기 때문이다.

이처럼 긴장에 따른 스트레스는 평소에는 성공하도록 작용하는 생체 내 화학 반응을 흐트러트린다. 따라서 긴장을 푸는 게 무엇보다 중요한데 비관적 사고는 불안이나 걱정을 불러일으키므로 긴장을 풀기가 어렵다. 반면 낙천적 사고를 하면 긴장을 풀기 쉽다. 본래의 실력을 최대한으로 발휘해서 실패를 줄이려 해도 낙천적 사고가 압도적으로 유리한 것이다.

너무 잘하려고 하지 마라. 그것이 도리어 긴장과 스트레스만 불러일으킬 뿐이다. 무언가에 얽매이지 않고 자유로울 때 오히려 좋은 결과가 나올 수 있다. 잠시 놓아버리고 싶다면 다음처럼 말해보라. 마음이 한결 가벼워짐을 느낄 것이다.

"어떻게든 되겠지. 될 대로 되라."

Section 21

혼자라고 고독하리란 법은 이 세상에 없다

낙천적으로 살고 싶지만 마음 만큼 잘 되지 않는다는 사람이 많다. 그 원인은 그 사람의 인생관에 있다. 인생관을 형성하는 것은 대부분 그 사람이 과거에 겪은 사건과 큰 연관이 있다. 즉 과거에 어떤 사건들을 경험하고 그 사건들을 어떻게 해결했느냐에 따라 인생관은 크게 달라진다.

자신이 걸어온 과거를 받아들이는 방식에는 대개 두 가지 유형이 있다.

첫째, 과거를 항상 '후회'하는 유형이다. 이런 사람들은 항상 '그

때 이렇게 했더라면…'이라든가 '그때 그렇게 하지만 않았더라면…' 이라고 후회하며 현재를 산다. 이런 유형은 현실에서도 만족하지 못하며 미래에 대해서도 비관적이다. '이런 여자와는 결혼하는 게 아니었어', '이 따위 회사에 들어오는 게 아니었어'라고 후회한다. 그리고 급기야는 '내게는 더 이상 미래가 없어'라는 식으로 점점 자기혐오에 빠진다. 비관적 사고의 전형적인 유형이라고 할 수 있는 것이다.

둘째, 과거를 '회상'하는 유형이다. 회상이란 똑같은 과거라 해도 긍정적인 이미지로 되돌아보는 것으로, 후회와는 전혀 다르다. 지금까지 경험했던 멋진 사건, 자신의 인생에서 기념할 만한 아름다운 기억, 나아가서는 감동적인 장면 등을 떠올리는 것이다. 과거를 후회하지 않고 회상하는 사람은 현재에 만족하며 미래에 희망을 품는다.

이처럼 후회와 회상은 비슷해 보이지만 그 의미는 크게 다르다. 그리고 이 차이가 그 후의 인생에도 큰 차이를 만들어낸다.

내가 예전에 런던에 잠시 머물렀을 때의 일이다. 호텔에서 출장 지인 사무실로 가는 길에 조용하고 아름다운 공원이 있었다. 나는 그 공원을 몇 차례 산책했는데, 항상 같은 벤치에 조용히 앉아 있는 한 노인이 있었다.

'영국은 복지가 잘 갖춰져 있는 나라라고 생각했는데, 이런 노인 한 사람이 갈 곳도 만들지 못하는 나라였단 말인가?'

나는 제멋대로 이렇게 결론 내렸다. 그렇게 생각하니 그 노인이 가엾게 느껴졌다. 그래서 어느 날 용기 내어 말을 걸었다.

"항상 이 벤치에 앉아 계시더군요. 배우자는 안 계십니까?"

"아내는 벌써 10년 전에 죽었네."

노인은 이렇게 대답했다.

"혼자서 생활하는 것이 적적하지는 않으신가요?"

그러자 노인은 깜짝 놀란 듯이 눈을 크게 뜨고 나를 말똥말똥 쳐다보더니, 힘 있는 어조로 "전혀 적적하지 않네"라고 대답했다. 의외의 대답에 조금 놀란 나는 "왜 적적하지 않으신가요?"라고 다시 물었다. 그리고 이때 노인이 한 말은 지금도 잊히지 않는다. 그 말을 듣고 나는 내가 정말 큰 오해를 하고 있었음을 깨달았다.

노인은 이렇게 말했다.

"오래 사는 것만큼 좋은 일이 어디 있겠나? 나는 지금까지 수많은 멋진 경험을 했다네. 날씨가 좋은 날이면 이 벤치에 앉아서 그런 경험을 떠올리고 있지. 과거에 경험했던 멋진 일들을 떠올리기만 해도 나는 젊은 시절로 돌아간 것 같은 착각에 빠진다네. 그러니까 여기에 있을 때가 최고로 행복한 순간이라네."

나이가 어리든 많든, 가난하든 부유하든, 그 무엇에 상관없이 현재 삶에 만족하며 살아갈 수 있는 말이 있다. 오늘도 살아 있음에 감사하며 다음 행복의 주문을 마음속에 깊이 새겨라.

|
"살아 있는 이 순간이 난 너무 행복해!"

Section 22

낙천가는 오늘도
즐거운 일만을 회상한다

　내가 만났던 런던의 노인은 과거를 회상함으로써 진정으로 '나이 들어감을 즐길 수 있는 사람' 중 하나다. 그와 같은 사람들은 과거에 있었던 좋은 일들을 떠올림으로써 지금 쾌적한 기분을 맛본다. 예를 들어 먼저 세상을 떠난 아내가 살아 있었을 때 함께 카리브 해를 여행한 적이 있다면 그 장면을 수십 년 뒤에 떠올림으로써 다시 카리브 해를 여행하는 듯한 즐겁고 행복한 기분을 느낄 수 있는 것이다.

　사람은 누구나 나이를 먹는다. 최근에는 평균 수명이 늘어나 노후의 삶을 미리 생각해둘 필요가 있다.

미국 저널리스트이자 소설가인 크리스토퍼 몰리(Christopher Morley)가 말했다.

"모든 행복한 순간을 소중히 간직하라. 노후에 훌륭한 대비책이 될 것이다."

노후의 삶을 장식하는 것은 역시 좋은 추억만한 것도 없다. 좋은 추억에 잠기면 비록 돈이 부족해도, 고독해도, 인생의 마지막 장을 충실하게 살 수 있음을 앞에서 소개한 런던의 노인을 통해 느낄 수 있다.

자신을 위해서도, 또 자신이 죽은 뒤에도 다른 사람들에게 좋은 추억을 남길 수 있다면 그 추억 속에서 살아 있을 수 있다. 떠올릴 때마다 불쾌해지는 과거는 자신은 물론 타인도 떠올리기 싫어진다. 따라서 먼 훗날 회상할 때 좋은 추억으로 남도록 현재를 즐겁고 충실하게 사는 것도 중요하다.

좋은 추억을 만들기 위해서는 무엇보다 현재를 긍정적, 낙관적으로 사는 게 최선이다. 그리고 결코 후회하지 말아야 한다. 후회는 현재를 불행하게 만들고 동시에 미래도 만족할 수 없게 만든다. 후회와 회상 중 후회를 선택하는 유형은 미래도 비관적으로 규정함으로써 평생 어둡고 재미없는 인생을 연출하게 된다.

오늘 하루도 충실히 살았다면 잠자리에 들기 전 하루를 잘 마무리한 의미로 나 스스로에게 다음 주문의 말을 해보라. 이 말은 오늘을 좋은 추억으로 남기며, 다시 내일을 힘차게 살아가는 힘이 될 것이다.

"오늘 하루도 행복했습니다."

Section 23

오래 살고 싶다면 생각부터 바꿔라

 평균 수명이라는 것은 어디까지나 수천만 명의 평균값이므로 자신은 그 나이까지 살 수 있을 것이라거나 그 나이가 되면 끝이라고 생각하는 것은 그다지 의미가 없다.
 사람의 수명은 자신이 어떤 생각을 하고 어떻게 살아왔느냐에 따라 규정된다. 관련되는 요소는 얼마든지 있지만, 엄밀히 말하면 수명 또한 그 사람이 생각한 자기 이미지대로 된다고 봐도 무방하다. 자신이라는 존재를 자기 이미지로서 명확히 인식한다면 자신이 죽을 때를 안다고 해도 이상하지 않다.
 병에 걸려 평균 수명보다 일찍 세상을 떠나는 사람이 있는가 하면, 평균 수명을 훨씬 넘겼는데도 젊고 아름다우며 활기가 넘치는 사람도 있다.

요컨대 노화도 수명도 사고방식, 즉 의식의 산물이다.

나는 1996년에 《100세, 100명, 100가지의 지혜》라는 책을 출판했다. 당시 전국에 7,000명 정도 있었던 100세 이상 노인 중에서 아직 현역으로 활약하고 있는 남녀 100명을 면접 조사해 치매에 걸리지 않고 건강하게 오래 사는 비결을 정리한 책이다. 이 책에서 소개한 사람들은 모두 평균 수명보다 약 20년을 더 살고 있었지만 건강하게 매사를 긍정적으로 생각하면서 활약하고 있었다. 그 100명 가운데 세 명의 예를 말해보겠다. 참고로, 그들의 나이는 1996년 당시를 기준으로 한 것임을 일러둔다.

제일 먼저 소개할 사람은 화가 아오야마 요시오 씨다. 아오야마 씨의 경우는 101세였던 당시에도 그림 그리기에 몰두했다. 즉 '창조적인 일'을 하고 있는 점이 장수하는 데 많은 도움이 되었을 것이다. 그는 20대에 프랑스로 건너간 뒤 일생의 대부분을 프랑스에서 살았는데, 무슨 생각을 했는지 76세에 일본으로 돌아왔다. 그리고 놀랍게도 96세에 두 번째 이혼을 했다. 이혼은 결혼보다 더 많은 에너지를 소모하기 마련인데 100세가 다 된 나이에도 이혼할 활력이 있었다니 놀라지 않을 수 없다.

7, 80대가 되면 부부는 '백년해로'할 가능성이 많다. 그래서 어느 한 쪽이 먼저 세상을 떠나면 사는 의미를 잃어 얼마 후 배우자의 뒤를 따라가는 사례도 많다. 그러나 아오야마 씨는 "당신하고는 궁합이 안 맞으니 헤어집시다"라며 배우자와 이혼하고 혼자서 정력적으로 창작 활동을 펼쳤다. 나도 체력과 기력에는 자신이 있지만, 100세가 다 된 나이에 아내와 이별할 용기는 솔직히 없다.

다음에 소개할 사람은 104세의 다무라 모헤이 씨다. 그는 100세에 영어 공부를 시작해 102세가 되었을 때 영어로 펜팔을 시작했다. 상대는 45세의 영국 여성이었다. 아무리 영어를 잘하게 된들 일상에 사용할 것도 아니고 100세가 넘은 나이에 공부를 시작했으므로 습득에도 한계가 있지만, 그래도 정확한 문법으로 타국에 있는 펜팔 친구에게 매달 몇 통씩 편지를 썼다.

그런데 편지에 자신의 나이를 솔직하게 적어도 상대는 다무라 씨가 '104세'라는 것을 믿지 않았다. 너무나 궁금해진 펜팔 친구는 다무라 씨의 나이를 확인하려고 일부러 일본까지 찾아왔다. 나리타공항으로 마중 나온 다무라 씨를 본 그 여성은 진심으로 놀랐다고 한다. 며칠 뒤 다무라 씨는 출국하는 그 여성을 배웅하러 다시 나리타공항에 갔다. 그리고 그 여성으로부터 이별의 키스를 받고 기뻐했다.

마지막으로 소개할 사람은 1894년에 태어나 103세가 된 데라다 야스시 씨다. 그는 도쿄 에비스에 개업한 의과·비뇨기과 병원의 원장으로, 여전히 현역 의사로서 활발히 활동하고 있다.

데라다 씨는 종종 사람들에게 "지금 가장 필요한 게 무엇입니까?"라는 질문을 받는데, 그럴 때마다 망설임 없이 "시간!"이라고 대답한다고 한다. 하고 싶은 일이 아직도 산더미처럼 많다는 것이다. 그러나 "꼭 원장님이 진찰해주셨으면 좋겠습니다"라는 환자가 많아서 은퇴할 수 없다며 한숨 쉬었다.

위의 세 사람은 모두 100세가 넘은 나이임에도 현역으로 활발하게 활동하면서 건강한 삶을 누렸다. 하나같이 창조적이고, 건설적이며, 적극적인 이들이지만 공통되는 대표적 특징 한 가지를 꼽자면 바로 '낙천적'이라는 것이다. 이쯤 되면 사고방식이 인간 수명에 영향을 미친다는 말이 전혀 근거 없는 말이 아님을 알게 된다. 건강하고 장수하는 삶을 살고자 한다면 삶을 진정으로 즐길 줄 아는 낙천적인 자세가 필요하다.

스스로 한계를 짓는 사람은 더는 앞으로 나아갈 수 없다. 나이가 아무리 많아도 항상 가능성이라는 키워드를 갖고 있는 사람은 무슨 일이든 할 수 있다. 그들에게 나이 따위는 더는 중요한 문제가 되지 않는다.

|

"나에게 불가능은 없어."

Section 24
벼랑 끝에 몰려도 웃을 수 있는 여유

낙천적 사고의 가장 큰 특징 중 하나는 바로 '웃음'이다. 낙천적인 사람은 잘 웃기도 하지만 또 남을 잘 웃기기도 한다. 유쾌한 분위기를 좋아하며, 웃음이 없는 생활은 딱 질색이라고 생각하기도 한다.

유머는 단순히 우스꽝스러움이나 재미를 나타내는 것이 아닌 인간성의 한 가지 측면을 나타낸다. 일상생활에서 어떤 사태가 일어나더라도 여유를 갖고 자신을 객관시할 수 있을 때 유머가 탄생한다. 유머는 인생의 부속품이 아니다. 그것은 인간관계에서 결정적으로 중요한 의미를 지닌다. 유머를 표현하는 방법은 무엇보다도 대화, 즉 말의 사용이다. 결국은 어떤 말을 사용하느냐가 웃음이 있는 인생, 나아가서는 낙천적인 인생을 살 수 있느냐를 결정한다.

유머 감각을 갈고닦으려면 상당한 공부와 경험이 필요하다. 농담도 이른바 TPO, 즉 때(Time)와 장소(Place), 상황(Occasion)에 적합해야만 하는 것이다.

나에게는 영국인 친구가 한 명 있다. 런던에 살고 있는 그는 어느 기업의 중역이자 대학에서 경제학을 가르치고 있는 교수다. 그리고 한편으로 '지구는 사각형'이라는 기묘한 클럽의 회원이기도 하다. 지구가 둥글다는 것은 이 세계의 상식이다. 그러나 그는 "아무도 모르는 사실이지만, 지구는 원래 사각형이야"라고 말한다. 이것은 영국인 특유의 유머 감각이다.

'지구는 사각형'이라는 클럽은 200년의 역사를 자랑하며 가입하기가 매우 어렵다고 한다. 그는 한 달에 한 번 열리는 정기 모임에 반드시 참석해 술잔을 기울이면서 하룻밤을 즐긴다. 나는 이 모임에 참석한 적은 없지만, 아마도 평소에는 엄숙한 신사들이 위트와 조크를 주고받으면서 한바탕 웃음을 터트릴 게 분명하다. 이것이야말로 진정으로 유머의 즐거움을 만끽할 수 있는 분위기인 것이다.

유머는 낙천적 사고에 꼭 필요한 요소로, 성실함도 불성실함도 아니다. 즉 유머란 성실함과는 달리 어느 정도 여유로움을 갖는 자세를 의미한다. 즉 한 가지 일에 몰두하지 않는 여유로움에서 유머는 탄생한다. 가령 괴로움에 짓눌렸을 때, 사방이 꽉 막혀 빠져나갈 수 없을 만큼 궁지에 몰렸을 때, 그저 성실하기만 한 사람은 목을 매고 자살할지도 모른다. 또한 불성실한 사람은 타인에게 끼칠 피해를 아랑곳하지 않고 도망쳐버릴지도 모른다. 하지만 한 가지 일에만 몰두하지 않고 여유로운 사람들은 이들과는 다르다. 벼랑 끝에 몰리면서도 미소 지을 수 있는 여유를 가지고 그 속에서 무엇인가를 붙잡아 살아갈 힘을 얻는 것이다. 유머는 바로 이런 '비성실한' 발상에서 탄생한다.

누구나 매일이 유쾌할 수는 없다. 그러나 다음과 같은 말을 하루 한번이라도 당신 자신에게 말한다면 습관적으로라도 유쾌한 상황에 빠진 당신 모습을 발견할 수 있게 될 것이다.

|
"하루하루가 유쾌해!"

Chapter

말버릇이 바뀌면
인생도 바뀐다

SPEAKING PSYCHOLOGY

기억하라. 자신이 한 말은 자신에게 다시 돌아온다는 것을.

— 닥 칠드리(Doc Childre)

Section 25

당신의 말버릇 목록을 만들어라

지금까지 말버릇을 바꾸면 우리 인생이 어떻게 달라지는지를 인간의 뇌와 몸, 유전자 메커니즘 등 과학적 근거를 토대로 알아봤다. 또한 자기 이미지 형성에 사고 습관이나 말버릇이 얼마나 중요하게 작용하는지, 풍요로운 인생을 살기 위해서 낙천적인 삶의 자세가 얼마나 중요한지 등에 대해서도 살펴봤다.

이 장은 실천편으로서, 부정적인 말버릇을 버리고 긍정적인 말버릇을 들이는 방법과 말버릇을 일상에 활용해 인생을 지금보다 훨씬 나은 방향으로 살아갈 수 있도록 하는 방법에 대해 상세히 알려주겠다.

우선 가장 먼저 해야 할 일은 평소 자신의 말버릇부터 점검하는 것이다. 당신이 언제 어떤 말을 사용하고 있는지 살펴보라. 그리고 평소 당신이 자주 사용하는 말을 생각나는 대로 최대한 적어보기 바란다.

아침에 눈 떴을 때 제일 먼저 하는 말은 무엇인가? 가족에게 "안녕히 주무셨어요?", "잘 잤어?"라고 인사하는가? 세면대 앞에서, 혹은 화장대 앞에 앉아 화장을 하면서 거울에 비친 자신의 얼굴을 향해 뭐라 말하는가? 식탁에 앉아 아침 식사를 하면서 어떤 대화를 나누는가? "다녀오겠습니다", "잘 다녀오렴"이라는 인사는 하는가?

직장에서는 또 어떠한가? 상사, 부하 직원, 동료, 거래처 사람 등 상대에 따라 사용하는 말이 다를 텐데, 이때 공통되는 당신만의 특징이 있는가? 일이 잘 풀렸을 때 혹은 잘 풀리지 않았을 때, 일을 마치고 한숨 돌릴 때, 내일도 열심히 일하자는 기분을 나타내는 말은 무엇인가?

그 밖에도 친구나 지인과 대화할 때 자주 쓰는 말, 연인과 데이트할 때 하는 말, 오랜만에 만난 사람에게 하는 말, 싫어하는 사람에게 하는 말, 싸울 때 하는 말, 전화를 걸거나 받을 때, 기분이 좋을 때, 나쁠 때, 화가 날 때 자기도 모르게 나오는 말 등에 대해서도 천천히 기억을 더듬어본다. 또 욕조에 몸을 담그고 있거나 밤에 휴식을 취할 때 그날 몇 번이나 "고마워"라는 말을 했는지 돌이켜보기 바란다.

당장 좋은 말버릇을 들이는 게 어렵다면 평상시 적어도 다음 세 가지 말은 아끼지 말고 많이 말할 수 있도록 노력해보라. 살면서 이 세 가지 말만 잊지 않고 있어도 인간관계가 유연해지고 당신 삶은 지금보다 훨씬 풍요로워질 것이다.

|

"고마워, 사랑해, 행복해."

Section 26

완성된 말버릇 목록을 점검하라

당신만의 '말버릇 목록'이 완성됐다면 그것을 점검하라. 목록에 긍정적인 말과 부정적인 말은 각각 얼마나 있는지 그 비율을 조사해보기 바란다.

예를 들어 "잘 잤어?", "푹 잤더니 개운하네", "잘 다녀오겠습니다"처럼 밝은 느낌을 주는 말은 긍정어고, "피로가 덜 풀렸어", "오늘도 출근해야 하나… 가기 싫은데…"같이 기운 빠지는 말은 부정어다. "제게 맡겨주세요", "네, 기꺼이 하지요", "고맙습니다" 같은 적극적인 말은 긍정어고, "안 될 것 같아요", "어쩔 수 없네요", "매번 죄송합니다" 같은 소극적인 말은 부정어다. "할 수 있어", "예뻐", "진짜 맛있네"

와 같이 기분을 북돋는 말은 긍정어고 "못해", "안 예뻐", "그다지 맛이 없네"와 같이 기분을 가라앉히는 말은 부정어다. 이러한 말의 원칙을 기억해두면 어렵지 않게 판단할 수 있을 것이다.

말버릇 목록에서 부정어보다 긍정어가 많을수록 바람직한 언어 습관을 갖고 있다고 할 수 있다. 특히 자신을 표현하는 말을 긍정어만으로 구성하는 사람은 말을 매우 효과적으로 사용하는 사람이다. 그런 사람은 '이런 내가 되고 싶다', '이런 인생을 살고 싶다'는 이미지가 명확하므로, 그에 걸맞은 좋은 말을 계속 사용하면 정말로 현실을 그렇게 만들어나갈 수 있다.

그러나 다른 사람과 대화할 때 부정어를 전혀 사용하지 않는 것은 어려운 일이다. 그럴 경우, 긍정어와 부정어의 비율이 7 대 3을 넘기지 않도록 균형을 맞추면 상대방이 듣기에 괴롭지 않은 수준을 유지할 수 있다. 또한 자신이 입 밖에 낸 부정어가 자신에게 피해를 입히는 일도 줄어든다.

무엇보다 부정어를 가급적이면 긍정어로 바꿔서 말하는 노력이 중요하다. 가령 "날씨가 나쁘네요"는 "구름이 꼈네요"로, "말을 해도 들을 생각조차 안 해"를 "내 말에 좀 더 귀 기울여줬음 좋겠어"로, "돈이 없어서 사고 싶어도 못사네"를 "지금은 가진 돈이 조금 모자라니 다음에 사자"라고 바꿔 말하는 것이다.

똑같은 말이라도 표현 방식을 바꾸면 부정적인 말도 충분히 긍정적인 말로 바꿔나갈 수 있다. "도저히 무리야"라고 처음부터 부정하지 말고 "어려울지 모르지만 그래도 해보자"라고 일단 긍정적으로 말하면 해결의 실마리가 보이기 시작한다. "이걸 일이라고 했나? 제대로 한 게 하나도 없잖아!"라고 꾸짖기보다 "이 부분이 조금 아쉽군. 조금만 손을 보면 훨씬 나아질 테니 힘내게"라고 격려하는 편이 말을 한 본인이나 말을 들은 상대나 훨씬 더 기분 좋게 일할 수 있다.

데이트 약속을 할 때도 마찬가지다. "오늘은 일정이 꽉 차서 만날 수가 없어"라고 거절하기보다 "내일은 넉넉하게 시간을 낼 수 있으니까 내일 만나자"라고 제안하면 앞으로도 두 사람의 연애는 더욱 순조로울 것이다.

이처럼 사소한 말 한마디가 눈에 보일 만큼 큰 차이를 만들어낸다. 말하는 습관을 바꾸면 내 이미지가 몰라보게 달라지는 것은 물론 그 이미지에 걸맞은 인생을 살게 된다.

"우리가 누구인지는 우리가 반복적으로 하는 행동이 말해준다. 따라서 중요한 것은 행위가 아니라 습관이다"라고 아리스토텔레스(Aristoteles)가 말하지 않았던가. 그러니 지금부터라도 부정어를 긍정어로 바꿔 말할 수 있도록 노력하라. 습관 하나가 당신의 미래까지 바꿀 수 있다.

뭔가를 시작하기도 전에 할 수 없을 거란 부정적인 생각과 말이 앞서진 않는가? 그럴 때 다음 주문을 외우고 마음속에 새겨라. 당신 안에 시작하는 용기가 절로 생길 것이다.

|
"일단 한번 해보는 거야!"

Section 27

남의 불행을 즐거워하면 나도 불행해진다

즐겁고 기쁜 일, 무언가 되고 싶다는 바람 등을 마음속에 강하게 그리면 그것은 뇌신경계 시스템에 기억된다. 또한 우리가 상상한 이미지를 소리 내어 말하면 그것은 뇌에 더욱 강력하게 입력돼 '행복 프로그램'으로서 작동한다.

마찬가지로 과거 실패담이나 고생담, 푸념 등도 소리 내어 말하는 빈도가 높아질수록 뇌에 또렷이 기억돼 '실패 프로그램'으로서 작동한다. 그 결과 똑같은 실패를 반복하는 악순환에 빠지고 만다.

홋카이도에서 나고 자란 나는 어렸을 때부터 도시 사람들에게 강한 열등감을 느꼈다. 이런 열등감은 훗날 드쿄에서 대학 생활을 할 때도 나를 무겁게 짓눌렀다. 하지만 나는 마음속에 품고 있는 열등감과는 달리 적어도 겉으로는 사람들에게 적극적으로 다가서려고 노력했다. 일부러 적극적이고 긍정적인 말만 골라서 사용함으로써 이유도 없이 품고 있던 '촌놈 콤플렉스'를 날려버리고 싶었던 것이다. 그랬더니 언제부터인가 친구들로부터 "너하고 얘기하고 있으면 나까지 기분 좋아져"라는 말을 듣게 되었다. 그러면서 자연스레 촌놈 콤플렉스를 벗어던질 수 있었다. 이 일을 계기로 나는 '말이 운명을 개척한다'고 강하게 확신하게 됐다.

나라고 늘 성공만 하면서 살아온 것은 아니다. 실패도 하고 고생도 했다. 하지만 내겐 한 가지 철칙이 있다. 결코 나의 실패담, 고생담, 푸념을 늘어놓지 않는 것이다. 자기 연민에 빠지지도 않는다. 그런 말을 자꾸 입 밖에 내면 실패하기 쉬운 인생이 되어버리기 때문이다. 과거의 실패나 고생은 오로지 자신을 실패자라고 인정하기에 존재하는 것이다. 그리고 자신이 말하는 실패담이나 고생담은 새로운 실패와 고생을 낳는다. 대신 나는 가급적 좋은 일이나 좋은 결과만 이야기하려고 노력한다. 그러다 보니 주위 사람들로부터 '항상 운이 좋은 사람, 행운아'라는 말을 자주 듣게 됐다.

사람은 신경 쓰지 않으면 나쁜 방향으로 말하는 경향이 있다. 가끔 술집에서 회사원들이 나누는 대화를 엿들어보면 그 자리에 없는 상사나 동료를 안주 삼아 신나게 험담을 늘어놓고 있는 경우가 많다. 여성들 사이의 소문도 안 좋은 소문일수록 더 활발하게 퍼진다. 악담이나 험담은 그 자리에 없는 사람을 타깃으로 한 것이니 말도 술술 나오고 자기도 모르게 그 수위가 높아지기 쉽다. 하지만 신나게 험담한 뒤에는 서서히 마음이 무거워지면서 자신도 험담을 당하는 당사자와 같은 기분이 되어 자기혐오에 빠지고 만다. 이런 사람들은 결국 자신이 입 밖에 낸 나쁜 말대로 인생을 살게 된다. 일복이나 상사복이 없다고 투덜대는 사람은 어디를 가도 좋은 일이나 훌륭한 상사를 만나지 못한다. 타인의 불행을 즐거워하는 동안에는 자신에게도 행복이 찾아오지 않는다. 뇌의 신경계가 자신이 하는 말대로 회로를 구성하기 때문이다.

악담이나 비난 등 부정적인 말이 마구 튀어나올 것 같으면 잠시 숨을 고르고 그것을 어떻게 긍정적인 말로 바꿔서 표현할지 생각해보라.

예를 들어, '부장님은 일 처리가 항상 더뎌. 매번 결정하는 데 너무 오래 걸려서 짜증나'라고 생각했더라도 "부장님은 신중파라서 결단을 내리는 데 시간이 오래 걸려. 그만큼 무거운 책임감을 통감하는 것이겠지. 믿고 따라볼 만하지 않아?"라고 말하는 것이다.

또, "또 회의야? 지겨워죽겠어. 하루 종일 잔소리만 늘어놓겠지"라고 말하기보다 "이왕 회의에 참석했으니 좀 더 적극적으로 의견을 제시하자. 아무 말도 안 하고 나중에 불평하는 것보단 훨씬 건설적이잖아? 아마 상사도 내 의견을 존중해줄 거야"라고 말하는 것이다.

이처럼 되도록 좋은 측면을 바라보려고 노력하면 매사를 밝은 방향으로 바꿔나갈 수 있다.

"요전에 B씨를 오랜만에 만나서 같이 식사했거든? 못 본 사이에 정말 예뻐졌더라. 도저히 쉰 살이라는 생각은 안 들더라고. 나이를 거꾸로 먹는 것 같아서 부러웠어."

이런 칭찬은 악담과 반대로 이야기하는 사이에 점점 즐거워진다. 남을 칭찬하는데 신기하게도 자신의 기분이 좋아지며, 결국 자신도 그 말대로 변화한다.

다른 사람의 훌륭한 점에 놀라고 좋은 점을 찾아내는 안목이 뛰어난 사람은 그렇지 않은 사람보다 앞으로 성장하고, 성공할 가능성이 무한하다. 타인의 행복을 시기하지 않고 즐거운 이야깃거리로 삼으며 자신도 그렇게 되고 싶다고 동경하면 '행복 프로그램'을 뇌에 확실히 각인시킬 수 있다.

남을 행복하게 하는 말로 나를 행복하게 하는 주문의 말이 있다. 오늘은 내 가까이에 있는 모든 사람들을 위해 행복한 주문을 외워보자.

"당신과 함께 있으면 기분이 좋아져."

Section 28

돈 없다고 함부로
투덜대지 마라

　만약 자신의 경제 사정을 바꾸고 싶다면 먼저 머릿속부터 바꿔야 한다. 재물은 뇌에서 먼저 축적된다. 당신이 지금까지 해온 생각에 따라 당신의 경제 수준이 결정된다. 만약 경제 사정이 지금보다 더 나아지길 원한다면 더 큰 희망을 품고 그것을 매일 소리 내어 말해야 한다.
　앞에서도 잠시 언급했지만, 금전에 관한 부정어는 상당히 많다. "나는 돈하고 인연이 없어", "돈하고 궁합이 안 맞아", "돈을 벌어도 금방 나가버려", "가난뱅이가 더 바쁘다더니만…" 같은 말이다. 그런데 이런 말을 달고 살면 자율신경계는 '정말로 돈이 없는 건가?'라고 해석하고 현실로 만들어버린다.

"돈이 인생의 목적은 아니지", "나는 부자가 될 생각이 없어", "돈 없어도 충분히 행복한 가정을 꾸릴 수 있어" 등의 소극적인 의사 결정도 뇌세포의 활동을 가로막는다.

인생에서 돈은 없어서는 안 되는 중요한 요소다. 그러니 굳이 부자가 되지 않아도 된다는 사고방식을 선택해 가능성을 차단할 필요는 없다. 철학자 베이컨(Francis Bacon)은 "부를 경멸하는 사람이 있다. 하지만 그것은 부자가 될 희망이 없기 때문이다"라고도 했다. 오히려 "수입을 늘려서 더 즐겁게 살자", "금전적 여유가 있는 삶이 좋지", "나는 항상 돈에 감사하고 있어. 그래서 돈과 궁합이 잘 맞아"라고 말해보라. 이런 말을 할 때 뇌세포는 부자 모드로 바뀌면서 실현 가능하도록 활동하기 시작한다.

돈에 대한 친근감을 품고 좋은 말을 많이 사용하면 기분이 고양되고 정이 깃들게 된다. 기분이 고양되면 믿을 수 없는 위력이 생긴다. 이윽고 무의식중에 자연스럽게 말이 나오게 되며, 감정을 담은 말을 술술 할 수 있게 습관화되면 소망을 실현하는 속도도 놀랄 만큼 빨라진다.

지갑에 넣고 다니는 돈을 늘리는 것도 경제 규모를 키울 수 있는 하나의 방법이다. 평소에 가지고 다니는 현금의 양을 과감히 늘

려보라. 지갑에 항상 1만 원을 넣고 다니는 사람이라면 3만 원으로, 3만 원을 넣고 다니는 사람이라면 10만 원으로 약 세 배를 늘린다. 그러면 그 규모에 걸맞은 변화가 찾아온다. 지갑에 들어 있는 금액에 맞춰서 수입도 늘어나는 것이다. 지갑이 두둑하므로 마음만 먹으면 어지간한 것은 살 수 있다는 자신감이 생기며, 성급하게 물건을 사지 않는 여유도 생긴다. 반드시 돈을 써야 하는 상황이 언젠지도 판단 가능하다. 예를 들어 다른 사람과 업무와 관련된 교섭을 한다거나, 남을 설득한다거나, 비즈니스를 좀 더 유리하게 끌고 가기 위해 우수한 인재를 영입한다거나 할 때는 식사를 하더라도 상대를 고급 레스토랑에서 대접하는 게 좋다. 반드시 성의를 보여야 할 상황이라면 돈도 호기롭게 사용할 필요가 있다.

내가 아는 어떤 여성 중에 신문지로 3,000만 원어치의 수표 다발을 만들어서 핸드백에 넣고 다닌 여성이 있다. 이 여성은 반드시 억만장자가 될 수 있다고 믿고, 이미 억만장자가 된 듯 행복한 기분을 만끽한 것이다. 그녀는 "나는 항상 3,000만 원을 가지고 다니는 여자야"라고 자신에게 말했다.

그뿐만 아니라 그녀는 친구들에게 "나 말이야, 사랑에 빠졌어", "나 요즘 매력적으로 보이지 않아?"라고 말버릇처럼 말하곤 했다.

물론 그녀의 사랑 이야기가 진실인지 거짓인지는 누구도 알 수 없다. 하지만 적어도 그녀가 무슨 생각으로 그런 말을 하고 다녔는지는 충분히 짐작 가능하다. 그녀는 틀림없이 이런 마음이었을 것이다.

'인생에서 중요한 것은 두근거림이야. 가슴이 두근거리면 여자는 아무리 나이를 먹어도 아름다워질 수 있어. 피부의 윤기와 투명함도 마음이 만들어내는 거야. 그래서 나는 항상 사랑하고 싶어. 상대가 없더라도 사랑하고 있다고 말하면 되는 거야.'

신문지로 만든 수표 다발을 가지고 다니던 그녀의 삶은 이후 어떻게 바뀌었을까? 놀랍게도 불과 3년 사이에 경제 사정이 몰라보게 나아졌다. 그녀는 사무직에서 영업직으로 이직해 큰 성공을 거뒀고, 3,000만 원 정도가 아닌 거액의 돈을 모을 수 있었다. 그리고 5년, 10년이 지나자 이번에는 멋진 집과 별장, 고급 외제 승용차를 손에 넣었으며, 결혼한 지 한참 지난 지금도 여전히 남편과 신혼처럼 알콩달콩 살고 있다.

그럼에도 그녀는 여전히 신문지 돈다발을 버리지 않았다. 그녀는 늘 "오늘의 내가 있는 것은 이 신문지로 만든 3,000만 원 덕분이에요"라고 말한다. 하지만 그것은 결국 그녀의 놀라운 상상력과 말버릇이 만들어낸 결과물이기도 하다.

긍정적인 상상이 긍정적인 현실을 만들어낸다. 오늘부터 '돈만 많은 부자'보다 '행복한 부자'가 되는 주문을 외워라.

|

"나는 행복한 부자가 될 거야."

Section 29

과거는 과거일 뿐,
현재를 즐겨라

인생에는 수많은 선택이 따른다. 우리가 살아가는 매 순간순간이 선택의 연속이다. 학교, 직장, 집, 차, 옷, 휴가, 친구, 애인, 배우자 할 것 없이 당신은 이제껏 수많은 선택을 하며 살아왔다. 그리고 앞으로도 여러 가지 선택을 하며 살아갈 것이다.

무엇을 선택하느냐는 사안과 경우에 따라 다르다. 중요한 건 "나는 이걸 갖고 싶어", "이것이야말로 내가 바라던 거야"라며 자신의 선택을 확신하고 긍정적으로 말하면 미래는 깜짝 놀랄 만큼 좋은 변화가 생기고 삶 자체가 밝아진다는 것이다. 반대로 "아쉽지만 이

거면 됐어", "쓸 만한 게 하나도 없지만 일단 이걸로 하자"라며 자신의 선택에 대해 부정적인 말을 하면 미래는 어두워질 수밖에 없다. 선택한 내용에 문제가 있어서가 아니다. 당신이 내뱉는 부정의 말이 뇌에 각인돼 그 말대로의 미래를 만들어버리기 때문이다. 따라서 선택에 대한 후회나 부정의 말 대신 긍정적으로 받아들이는 자세와 말이 필요하다.

예를 들어, "맥주면 돼"라고 말하기보다 "맥주가 마시고 싶어"라고 말하는 편이 똑같은 맥주를 마시더라도 훨씬 더 맛있게 느껴진다. 누군가를 만나러 갈 때도 마찬가지다. 즐거운 마음으로 "오늘은 기분 좋으니까 그 사람을 찾아가보자"라고 말한다면 그 말처럼 기분 좋은 만남을 갖게 된다. 그와 반대로 "만나기 귀찮네. 사실은 집에서 자고 싶었는데…"라고 투덜대며 찾아가면 즐거운 만남이 될 수 없다.

우리는 스스로를 의도적으로 낮추는 겸양어를 습관적으로 사용하는 경향이 있다. 기껏 정성스레 준비한 선물을 전하거나 음식을 대접하면서도 "변변치 않지만…", "차린 건 별로 없지만…"이라는 표현을 흔히 쓴다.

또 예를 들어, "따님이 참 예쁘시네요", "똑똑한 자식을 두어서 좋으시겠어요" 등 남에게 자식에 대한 칭찬을 들었을 때도 "예쁘긴요. 못났어요", "똘똘하긴커녕 자기 앞가림도 잘 못 하는 걸요"라는 식으로 받아치기 바쁘다. 상대방에게 내 가족을 소개할 때도, "못난 제 자식이지만 잘 부탁드립니다", "부족한 게 많은 ○○이지만…" 등의 표현으로 겸손 아닌 겸손을 지나치게 차린다. 또 아내 자랑을 심하게 하는 사람은 오히려 '팔불출'이라고 하여 못난 사람 취급당한다. 이렇듯 다른 사람이 돋보일지언정 내 가족은 상대적으로 낮춰서 얘기하는 게 관례가 되어 왔다.

그러나 지나친 겸양어의 사용은 나의 자존감은 물론 내가 사랑하는 사람들의 가치를 떨어뜨리는 결과를 초래한다. 나 자신조차 가치를 낮춰 대한다면 다른 사람들은 과연 내 가족을 어떻게 대할 것인지 한번 생각해볼 필요가 있다. 내가 먼저 존중해야만 상대방의 존중도 얻어낼 수 있는 법이다.

또 겸양어는 부정적인 표현이 많이 들어가기 때문에 지나치게 사용하다 보면 부정어로 샤워하는 꼴이 되고 만다. 따라서 상식적인 범위 내에서 적절하게 선택해 사용할 줄 아는 센스가 필요하다.

많은 사람들은 "옛날이 좋았지…"라는 말을 말버릇처럼 하곤 한다. 하지만 과거가 아무리 좋았더라도 과거는 과거일 뿐 되돌아갈 수 없다. "옛날이 좋았지…"는 현재나 미래를 멋지게 바꿀 수 있는 해답이 될 수 없다. 부정하고 있던 현재가 과거가 되면 또다시 "옛날이 좋았지…"라고 말하며 그리워할 것인가? 그렇다면 평생을 살아도 행복해지기 위한 해답은 찾을 수 없다.

그렇다면 늘 긍정적이고 낙관적인 마음을 유지할 수 있게 해주는 말에는 어떤 것이 있을까?
"지금 난 정말 행복해."
"지금이 참 좋아."
"앞으로는 더 좋아지겠지."
와 같은 말이다.

마음의 상태는 말이 결정한다. 밝고 긍정적인 말을 자주 쓰다 보면 말이 지닌 힘과 작용을 통해 진심으로 '지금이, 미래가 더욱 좋아질 것'이라고 확신할 수 있게 된다. 진정한 의미의 긍정어는 자신이나 주위에서 일어나는 사건을 점점 좋은 방향으로 바꿔나간다. 의식적으로 긍정적인 말을 선택하고 사용하면 인생관과 세계관까지도 달라진다.

과거를 떠올리며 후회하고 그리워하기보다 현재의 내 삶을 소중히 여기고 다가올 삶을 기대하며 살아가자.
카르페디엠(Carpe Diem)! 현재를 즐겨라!

수면은 단순한 휴식이 아니다. 우리가 잠든 사이에도 뇌는 끊임없이 활동한다. 잠들기 전 좋은 말을 선택해서 말하면 자면서도 꿈을 실현시켜 나갈 수 있다. 취침 전에 다음 주문의 말을 되뇌어보자. 당신의 내일도 당신이 선택한 말에 따라 결정된다.

|

"내일은 오늘보다 더 좋은 날이 될 거야!"

Section 30

유쾌한 말은
의욕과 쾌감을 불러일으킨다

"나는 진정으로 사랑받고 있어", "나에겐 나를 소중하게 생각해 주는 사람이 있어", "모두가 나를 좋아하고 존경하며 의지하고 있어" 등의 표현은 생각만 해도 유쾌해진다. 실제로 이런 유쾌한 생각을 소리 내어 말하면 그것이 '의욕의 뇌'라고도 불리는 대뇌의 측좌핵을 크게 자극한다.

'의욕의 뇌'는 '욕구의 뇌', '표정·태도의 뇌', '기억·학습·언어의 뇌', '호불호의 뇌' 등 모든 뇌 내 조직에 명령을 내려 움직이게 하는 중요한 부분으로, '쾌감 신경'이라고도 부르는 A10 신경에 의해 구동된다. 즉 의욕과 쾌감은 서로 연결돼 상승효과를 만들어내면서 뇌 전체의 연계 플레이를 제어해 목적을 달성하려 한다. 그러므로 당신에게 정말 즐거운 일, 재미있는 일, 또 당신이 꼭 해보고 싶고 도전해보고 싶다고 강하게 바라는 '유쾌한' 기분이나 말만이 '의욕의 뇌'를 활성화시킨다.

그러니 만일 의욕과 쾌감을 더 얻고자 한다면 당신만의 유쾌한 말을 많이 찾아내 나 자신은 물론 다른 사람들에게도 말해주도록 하라. 당신이 느낀 그대로, 그 느낌에 딱 들어맞는 말을 찾아서 소리 내어 말해보라. 아름다운 것을 접했을 때의 감동을 "빛이 나", "화려해", "고와", "우아해", "섹시해" 등 다양한 말로, 신선한 것을 발견했다면 "생기가 넘쳐", "활기가 있어", "상쾌해", "새로워" 등으로 표현해본다.

그 밖에 "규모가 대단해", "당당해", "큰 도움이 됐어", "정말 기뻐", "대범해" 같은 말은 듣는 사람은 물론이고 말하는 사람까지도 금방 기분이 고양된다.

"친절해", "온화해", "점잖아", "온순해", "정이 많아", "정성이 담겼어", "배려심이 많아", "화목해" 등도 상황에 따라 사용하면 좋은 말이다.

일상적으로 사용하는 말을 의식적으로 바꾸는 것은 그렇게 어려운 일이 아니다. 마음만 먹으면 누구든, 언제, 어디서든 실행할 수 있다. 다만 어휘력이 풍부한 사람일수록 그렇지 않은 사람에 비해 좋은 말을 선택할 수 있는 가능성이 크다. 그런 사람일수록 상상력이 풍부하며 수준 높은 커뮤니케이션을 할 수 있다.

미국의 하버드대학에서 실시한 한 조사에 따르면, 사업에서 성공한 사람은 설령 초등학교밖에 나오지 못했더라도 대부분 하버드대학 대학원 1학년생과 동등한 수준의 어휘력을 갖추고 있다고 한다. 사업에 성공하려면 다양한 정보를 수집·분석하는 힘, 사물을 해석·판단하는 힘을 키워야 한다. 따라서 그들은 신문이나 잡지 등 다양한 매체를 통해 정보를 받아들이고 이해하는 등의 여러 가지 노력을 하고 다양한 경험을 쌓는 과정에서 풍부한 어휘를 습득한 것이다.

하지만 어휘력이 풍부하지 않다고 해서 너무 걱정할 필요는 없다. 이 책에 등장하는 수많은 긍정의 표현과 매 항목 마지막에 있는 긍정의 주문만 잘 활용한다 해도 어휘력을 얼마든지 늘릴 수 있다. 그리고 무엇보다 어휘력을 쌓는 가장 좋은 방법으로 나는 독서를 권하고 싶다. 어렸을 때나 학창 시절의 독서는 평생 재산이 된다. 독서는 어휘를 늘리는 것은 물론 상상의 범위를 넓히며 감동을 가르쳐준다. 그런데 학교를 졸업하자마자 책과 담을 쌓아버리는 사람이 많다. 무사히 졸업했으니 더는 공부하지 않아도 된다는 해방감에 책 읽기가 귀찮아진 것이다. 그러나 사회인이 된 뒤에는 자신을 성장시키기 위해서라도 더더욱 좋은 책을 많이 읽어야 한다.

프랑스 유명 여배우 잔느 모로(Jeanne Moreau)는 항상 "나는 인생에게 사랑받고 있어"라고 말했다. 이렇듯 나만의 멋진 성공 문구를 갖고 있으면, 이 한마디가 '의욕의 뇌'를 자극할 뿐만 아니라 잠재 능력을 이끌어내는 발현 유전자의 스위치를 켜준다.

인간은 말과 함께 인생을 걸어간다. 바로 지금 당신을 움직일 수 있는 효과적인 한마디를 만들어 매일 주문처럼 말해보라. 주문의 말이 당신의 의욕을 고취시키고 성장 가능성을 무한하게 만들어줄 것이다.

|
"내가 못할 일은 아무것도 없어."

Section 31

처음 한마디가 좋아야
결과가 좋은 법이다

우리가 중대한 위기나 궁지에 몰렸을 때 제일 처음 생각하는 말, 가장 먼저 입 밖에 내는 말은 무엇일까?

내가 강연에서 사람들에게 이와 같은 질문을 했더니, 많은 사람들은 "어떻게든 되겠지", "괜찮아", "이겨낼 수 있을 거야" 등의 말로 자신을 분발시켜 역경을 극복할 수 있었다고 했다. 한편 부도나 파산 같은 비극적인 결말을 경험한 사람들에게 물어본 바로는 "이젠 무리야", "더는 안 되겠어", "난 글렀어"가 가장 많았다.

부정적인 말을 하면 뇌는 잔혹하게도 '할 수 없는 이유'를 순식간에 산더미처럼 찾아낸다. '할 수 있는 방법'이 무수히 많은데도 할 수 없는 이유에 대한 데이터만을 모으며, 그 결과 '무리야', '할 수 없어'가 확정되기에 이른다.

처음 한마디가 당신의 뇌를 지배한다. 첫마디로 긍정적이고 낙천적인 말을 하면 뇌는 '괜찮구나'라고 이해하고 '상황을 잘 풀어나가기 위한 방법'을 차례차례 찾아내기 시작한다. 행동보다 먼저 말을 바꿔야 하는 이유가 바로 여기에 있다.

스트레스는 일종의 공포다. 항상 공포심을 안은 채 살면 당질코르티코이드라는 스트레스 호르몬이 다량으로 분비돼 글루카곤을 활성화시킴으로써 몸에 부정적 영향을 끼친다.

스트레스가 짓누를 때 이를 억제할 수 있는 효과적인 한마디가 있다. 바로 "잘한 선택이었어"란 말이다. 스트레스로 인한 공황 상태나 불안감이 밀려오면 일단 처음 한마디로 "잘한 선택이었어"라고 말하라. 그러면 신기하게도 이 말이 계기가 되어 그때까지 온몸을 좀먹고 있던 스트레스가 점차 사라지고, 활성화된 뇌가 "어떻게든 되겠지", "괜찮아. 반드시 해결할 수 있어"와 같은 말들을 찾아내기 시작한다. 이렇게 해서 점점 자신감을 되찾으면 역경도 더는 역경이 아니게 된다. '이것도 내게 이익이 될 거야', '내가 해결하지 못할 일은 내게 일어나지 않아', '해결책은 어딘가에 반드시 있을 거야'

라고 마침내 낙관적으로 생각할 수 있게 된다.

어떤 상황에서든 흔들림 없이 당신을 지탱해줄 수 있는 주문의 말이 여기 있다. 마음이 불안정할 때 몇 번이고 되뇌면 잃어버린 자신감을 되찾을 수 있을 것이다.

"내 선택은 틀림없어!"

Section 32

칭찬의 말은
부메랑과 같다

　자신이 하는 말이 곧 자신의 인생을 만들어간다는 것이 '말버릇의 원리'다. 다시 말하면 다른 사람의 칭찬이나 격려로 기운을 얻기보다는 자신이 하는 말로 기운을 얻고 그 기운을 다른 사람에게도 전해주자는 의미다.
　세상에는 말버릇의 원리를 응용한 사례들이 많다. 가령 프로 야구나 축구 등의 스포츠 경기를 보다 보면 선수 못지않게 수많은 서포터즈들이 활약한다. 이들은 혼신을 다해 힘찬 목소리로 선수들을 향해 "파이팅! 파이팅!"이라고 성원을 보냄으로써 경기에 대한 투쟁심과 승리에 대한 의욕을 북돋운다. 이들의 응원은 경기장의 분위기를 한층 달아오르게 하며 강한 연대 의식을 만들어나간다. 또 그렇게 함으로써 자신들의 기분도 점점 고양되어 경기를 더욱 즐길 수 있게 된다.

누군가를 응원하는 사람들의 표정을 관찰한 적 있는가? 그들은 한결같이 표정이 매우 밝다. 그들은 기분을 밝게, 좋게 하는 방법을 알고 있다. "좋아, 잘했어!", "그렇게 하는 거야"처럼 격려하는 말, 기운을 북돋는 말, 의욕을 불러일으키는 말을 잘 안다. 그런 사람은 어디를 가도 높은 평가를 받는다. 실제로 도쿄 도내에 있는 모 유명 대학의 경우는 응원단의 멤버부터 가장 먼저 취업이 결정된다고까지 한다. 그들 특유의 밝고 진취적인 에너지가 그만큼 기업에 신뢰를 준다는 뜻일 것이다.

앞에서 잠시 '칭찬의 기적'에 대해서 이야기한 바 있다. 그것은 칭찬받은 사람보다 칭찬한 사람이 더 예쁘고 아름다워진다는 신기한 현상이다. 거울을 보며 스스로 미인이라고 칭찬하고 주위 사람들을 열심히 칭찬하면 점점 미인이 되어 갈 수 있다는 말이다.

여성에게 다음과 같은 칭찬의 말을 적극적으로 사용하라. 누구를 만나든 칭찬하면 내 기분까지 좋아진다.

"넌 언제 봐도 참 예뻐", "참 센스 있다", "훨씬 어려 보여", "여성스러우면서도 섹시해", "생기발랄해", "건강한 매력이 느껴져", "청순미가 넘쳐", "그 원피스 진짜 깜찍하다. 너하고 정말 잘 어울려."

여성뿐만 아니라 남성에게도 다음과 같은 칭찬의 말을 적극적으로 사용하기 바란다.

"능력 있어 보여", "유머 감각이 뛰어나", "남자다운 매력이 느껴져", "웃는 모습이 참 해맑다", "다정다감해", "성실함 그 자체야", "헤어스타일이 너무 멋져", "정장이든 캐주얼이든 뭘 입어도 잘 어울려", "정말로 재주가 많아."

남을 칭찬하면 그 자체로 자신의 기분도 향상된다. 칭찬이 자신에게 되돌아오는 보너스인 것이다.

결과적으로 '칭찬의 기적'은 칭찬받은 사람보다 칭찬한 사람이 더 이익이다. 이익의 비율은 칭찬한 사람이 7, 칭찬받은 사람이 3 정도인데, 칭찬받은 사람이 칭찬을 진심으로 받아들였을 경우라는 전제가 붙는다. 그런데 강연을 하다 보면 간혹 비율을 어떻게든 5 대 5로 맞출 방법이 없겠느냐고 물어보는 사람이 더러 있다. 이 말에 나도 모르게 웃음을 터트렸던 기억이 있다. 비율을 대등하게 만드는 가장 좋은 방법은 자신을 칭찬해준 그 사람을 더 크게 칭찬해주는 것이다.

"넌 언제 봐도 예뻐"란 칭찬을 받았다면 "너야말로 어떻게 그렇게 피부가 좋은지 볼 때마다 부럽다" 같은 식으로 더 크게 더 많이 칭찬하라. 만일 "그 블라우스 예쁘다"라는 칭찬을 받았다면 "네 옷도 참 예뻐. 게다가 코디도 완벽하고"라고 한층 더 크게 칭찬해주기 바란다.

이것을 잘할 수 있게 되면 자신에 대한 이익 배분이 5 대 5가 아니라 6, 7, 8로 늘어날 것이다.

남에게 하는 말이 곧 나에게 하는 말이라고 생각하면 아마 좋은 말만 골라서 하게 될 것이다. 나를 포함한 모두에게 힘을 주는 주문의 말을 한번 외쳐보자.

|

"잘했어! 조금만 더 힘을 내!!"

Section 33

상처 주는 말은
반드시 되돌아온다

괴로운 이야기나 슬픈 이야기를 하면 자신의 일이 아닌데도 괴롭고 슬퍼진다. 반대로 기쁨이나 즐거움으로 가득한 화제는 언제 어디서나 기분이 좋아지고 행복감이 느껴진다.

이런 반응에 대해 맥스웰 몰츠 박사는 다음과 같이 설명했다.

"자신이 해석한 대로 감정이 만들어지며, 뇌는 그 감정을 읽고 그에 걸맞는 현실을 만들어낸다."

그는 이것을 '사이코사이버네틱스(Psycho-Cybernetics, 정신적인 자동유도장치)'라고 명명했다. 즉, 인간의 뇌는 마치 미사일의 자동유도장치와 같아서 자신이 목표를 정해주면 그 목표를 향해 자동으로 유도해나간다는 개념이다. 따라서 자신이 어떤 말을 하느냐에 따라 희로애락의 감정이나 행동이 유도되며, 인생까지도 규정된다는 것이다.

이 원리는 부부 싸움에서도 여실히 드러난다. 한바탕 부부 싸움을 끝내고, 왜 그렇게까지 화를 냈는지 냉정하게 생각해보면 대부분 상대가 한 말이 아닌 자신이 한 말에 원인이 있음을 깨닫게 된다. 말하지 않고 가만히 있었으면 끝났을 텐데, 말을 꺼낸 순간 화를 참을 수 없게 되고 분한 마음에 눈물이 멈추지 않는 경우도 종종 있다.

대다수의 사람들은 부부 싸움을 통해 분노를 발산함으로써 스트레스를 해소할 수 있다고 생각한다. 하지만 오히려 스트레스가 더 쌓일 뿐이다. 누구나 상대에게 상처 주는 말을 쏟아내면 당장은 기분이 후련할지 모른다. 그러나 사람이 입 밖에 낸 말은 전부 자율신경계를 통해 수집되어 말한 당사자에게 그대로 되돌아온다. 상대를 모욕하거나 상처 주는 말을 내뱉었을 때 가장 많이 상처받는 사람은 상대방이 아닌 바로 그 말을 한 당사자이다.

"정말 한심해", "돈도 못 벌어 오면서", "집에서 빈둥거리기나 할 줄 알지", "사람이 왜 그렇게 재미가 없어?", "내가 왜 이런 사람이랑 결혼했나 몰라", "어차피 하지도 못할 거면서 큰소리만 뻥뻥 치지", "항상 그런 식으로 빠져나가려고만 하지", "당신은 진짜 구제불능이야."

이런 모욕적인 말이 조금이라도 사실이라면 그 후의 현실은 더욱 악화된다. 홧김에 마음에도 없는 말을 내뱉었다고 해도 결과적으로 그 말과 똑같은 현실을 초래하고 만다.

예를 들어, "매일 왜 이렇게 늦게 들어오는 거야?", "가정은 생각 안 해?", "왜 이렇게 무신경해?", "사람이 말을 하면 좀 들으라고!", "걸핏하면 화부터 내잖아", "바람 좀 그만 피워"라고 상대를 비난했다고 하자.

이런 말을 읽어 들인 자율신경계는 그 말의 내용을 따르도록 정보를 모으기 시작한다. 실제 모습과 전혀 다르다고 해도 무시해버린다. 그 결과 정말로 '무신경하고 타인의 말을 들으려 하지 않으며 걸핏하면 화를 내는' 인물이 되어버린다. 게다가 정말로 '가정을 돌보지 않고, 항상 늦게 귀가하며, 바람을 피우고 다니는' 끔찍한 현실이 찾아온다.

상대를 도발하려고 던진 말도 결국 자신을 도발할 뿐이다. 도발할수록 분노는 더 증폭되고 스트레스도 그만큼 쌓여간다.

쓸데없는 부부 싸움을 피하려면 자신이 들었을 때 기분 나쁠 말은 입 밖에 꺼내지 말아야 한다. 내가 싫은 건 당연히 상대도 싫은 법이다.

"이번 일도 틀림없이 잘 풀릴 거야", "피곤하면 좀 쉬어", "당신은 참 재미있는 사람이야", "당신과 결혼하기를 정말 잘했어", "저녁 맛있게 만들어놓을 테니까 오늘은 일찍 들어와", "내게는 가정이 세상에서 가장 소중해", "사랑하는 가족이 있기에 오늘도 힘낼 수 있어", "하루 종일 일하느라 힘들었지?"

이렇듯 좋은 말은 얼마든지 있다. 평소 이런 말을 자주 하면서 생활하면 현실도 반드시 그렇게 되어 간다. 그러니 사랑과 감사의 말로 마음의 평화를 만들어 나가라. 이제껏 불만스러웠던 점도 이해할 수 있게 될 것이다.

결혼하고도 항상 연애하는 기분으로 살고 싶다면 오늘 당신의 아내 혹은 남편에게 다음과 같이 말해보라. 이 주문의 말이 잃어버린 설렘을 되찾아줄 것이다.

|

"내 인생의 가장 큰 행운은 당신을 만난 거야."

Section 34

평범한 일들을 모두 행복한 말로 연결하라

"고마워", "큰 도움이 됐어"와 같이 고마움을 말로 전하는 습관은 인간관계를 좋게 만든다. 그러나 가족이나 친구, 연인 등 자신과 가까운 존재일수록 이런 말을 꺼내는 게 쉽지 않다. 처음 입 밖에 내기가 어려울지 모른다. 하지만 이 세상에 "고마워"라는 말을 듣고 불쾌하게 생각할 사람은 아무도 없다. 그러니 안심하고 적극적으로 좋은 말을 하는 습관을 들여라.

우리 집에서는 나와 아내, 아이들 모두가 서로 개별적인 존재임을 인식하고, 평등한 관계에서 서로의 생각을 존중하며 살고 있다.

그러기에 적어도 하루에 한 번은 서로에게 고마움을 말로 표현한다. "바쁠 텐데 고마워", "수고했어"라는 말이 자연스럽게 튀어나온다. 어떤 일이 있어도 상대의 체면을 손상시키지 않고 배려하는 말을 사용하도록 의식해왔기에 지금은 그것이 당연한 일이 되었다.

또한 나는 집에 있을 때 자주 혼잣말을 한다. 가장 많이 하는 말은 "좋았어, 해보자"이다. 힘차면서도 따뜻한 말투로 나 자신을 향해 말하는 것이다. 곁에 가족이 있을 때는 가족들에게도 들리도록 말한다. 아무 일도 하지 않을 때도 "좋았어, 해보자"라고 말하면 모든 일이 참으로 순조롭게 진행된다.

이처럼 자신에게 말하는 것은 자신의 뇌와 친해지는 것이다. 이 효과는 절대적이다. 항상 발현 유전자, 승자 유전자를 활성화 상태로 유지할 수 있다.

내가 아침에 일어나서 가장 처음 하는 말은 대체로 "잘 잤다. 기분도 컨디션도 최고야!"이다. 거의 매일 개운한 기분으로 눈뜨기 때문에 오늘 하루를 기대하며 "오늘도 좋은 일이 있을 것 같은 예감이 들어"라는 말도 덧붙이고 있다. 실제로 좋은 예감이 드느냐 아니냐는 중요한 문제가 아니다. "좋은 예감이 들어"라고 소리 내어 말하는 것 자체가 중요하다. 그러면 말을 한 본인은 잊어버리더라도 뇌가 '좋은 예감이란 무엇일까?'를 계속 생각하며 좋은 답을 찾아낸다. 이것은 뇌의 유지 관리에 매우 효과가 있다. 뇌 속의 모세혈관을 넓혀서 혈액 흐름을 원활히 하고 스트레스를 해소시키며, 그 결과 의욕이 점점 높아진다. 그리고 베타엔도르핀 같은 쾌감 호르몬이 분비되어 면역력을 높인다. 몸과 마음의 건강 상태는 쾌감 호르몬과 스트레스 호르몬의 균형에 따라 결정된다. 충실한 인생을 살며 하는 일마다 잘 풀리는 사람은 모두 쾌감 호르몬을 효과적으로 이끌어내 그 혜택을 누리고 있다.

매일의 평범한 일들을 전부 행복한 말로 연결하는 것이 내가 좋아하는 생활 방식이다. 일할 때도 행복한 말만으로 충분히 커뮤니케이션을 할 수 있다. '그 아이디어 정말 좋은데?', '앞으로는 반드시 잘 풀릴 거야', '성공할 게 틀림없어'라고 진심으로 생각하며 그 감동을 말에 담아서 상대에게 전한다. 그러면 그것이 주위 사람들을 움직인다. 다음에 만날 때는 좀 더 멋진 아이디어나 기획을 가지고 와서 나를 놀라게 한다.

긍정적으로 "좋은 성과물을 만들어내자"라고 소리 내어 말하면 정말로 보람 있는 일감이 찾아오고 매력적인 사람들과 만나는 결과로 이어진다. 일이란 그런 만남을 만드는 무대이며, 그런 일을 해내는 즐거움은 제일 좋아하는 놀이와 맞먹을 정도임을 나는 실감하고 있다.

오늘은 아침에 눈뜨자마자 제일 먼저 이 주문의 말을 여러 번 소리 내어 말해보자. 말하는 동안 쾌감 호르몬이 작용하여 하루 종일 기분 좋은 일만 가득할 것이다.

|
"오늘도 최고의 하루가 될 거야!"

Section 35

칭찬은
고래도 춤추게 한다

"칭찬은 고래도 춤추게 한다."

언제 들어봐도 멋진 말이다. 일로 성공하는 사람은 대부분 칭찬의 명수다. 칭찬받고 기분 나쁠 사람은 없다. 부하 직원에게 의욕을 불러일으키는 가장 효과적인 방법도 바로 칭찬이다.

그러나 먼저 상대를 부정한 다음에 칭찬하거나 형식적으로 격려하는 것은 사실 상대에게 아무런 도움이 되지 못한다. 예를 들어, "저 사람은 입은 험하지만 마음씨는 좋아"라고 말했다고 하자. 이건 분명 그 사람의 마음씨는 말버릇만큼 나쁘지 않다는 긍정의 의미로 한 말일 것이다. 하지만 이미 '입이 험하다'는 부정어가 먼저 들어가는 바람에 '마음씨가 좋다'는 긍정어의 효과는 상대적으로 떨어지고 만다.

"겉으로 보기에는 불성실할 것 같은데 의외로 성실하네."

"실무에는 재능이 없지만 영업에는 센스가 있어."

이런 식의 칭찬도 그 효력이 반감된다. 아니, 그뿐이라면 다행이지만, '겉으로 보기에는 불성실함', '실무에 재능이 없음' 같은 부정적인 측면이 말을 통해 고정된다. 게다가 말한 당사자도 그런 인물이 되어갈 위험성이 있다.

"사실은 성실한 사람이었군. 다시 봤어", "영업 센스는 괜찮군. 그 센스를 실무에서도 발휘해주게"라는 칭찬도 깔끔하지 못하다. 말도 어쩐지 모호하고 임팩트가 없다.

누군가를 칭찬할 때는 부정어는 제외시키고 좋은 점에만 초점을 맞추는 게 가장 좋은 방법이다. 가령 "정말 성실하고 믿을 수 있는 친구야!", "영업 센스가 상당히 좋군. 앞으로도 기대할 테니 열심히 활약해주게"라고 확신하며 강하게 밀어주는 말이 큰 효과를 발휘한다.

소극적인 표현은 일단 버릇이 들면 고치기 어렵다. "뭐, 할 수 있는 데까지 애써주게", "긍정적으로 검토해주게", "잘됐으면 좋겠군"과 같은 모호한 표현은 오히려 마이너스다. 똑같은 격려라도 "우리라면 할 수 있어. 반드시 좋은 결과를 낼 수 있을 테니 힘내자고"라고 말하면 뇌가 훨씬 활성화된다. 구체적인 해결책이 떠오를 가능성이 높아지고 피로도 씻은 듯 사라져버린다. 말을 하는 본인이 얼마나 좋은 결과를 절실히 바라는가, 얼마나 좋은 말을 사용하느냐에 따라 그 후의 전개가 크게 달라진다.

칭찬의 말은 부메랑과 같다. 당신이 누군가에게 좋은 말을 해주면 그 말이 언젠간 나에게 다시 되돌아온다는 말이다. 당신의 앞날이 빛나고 싶다면 그에 앞서 다음 주문의 말로 상대의 앞날을 빛나게 하라.

|
"난 네가 정말 자랑스러워!"

Section 36

생각은 크게, 욕망은 거대하게 가져라

데이비드 J. 슈워츠(David J. Schwartz)는 자신의 저서《크게 생각할수록 크게 이룬다(The magic of thinking big)》에서 이렇게 말했다.

"커다란 업적을 남긴 사람은 다른 사람의 몇 곱절은 일한 것이 틀림없다. 거대한 결과를 생각했기 때문이다."

커다란 성공을 거두려면 최대한 커다란 꿈과 희망을 품고 그 꿈을 달성하려는 열정과 끊임없는 노력을 기울여야 한다.

우리가 평소에 당연하다는 듯이 사용하는 문명의 이기도 실체가 되기 전에는 발명가의 머릿속에 떠오른 생각 중 하나에 불과했다. 가령 전화라는 통신 시스템은 단지 벨(Alexander Graham Bell)의 머릿속에 담겨 있는 생각일 뿐이었다. 전구는 에디슨(Thomas Alva Edison)의 머릿속에 번뜩인 생각에서 탄생했고, 대형 수확기는 맥코믹(Cyrus McCormick)의 머릿속에 떠오른 아이디어가 바탕이 되었다.

미국의 대실업가 존 D. 록펠러(John Davison Rockefeller)도 무일푼이던 시절에 "언젠가는 억만장자가 되겠어"라고 선언했고 결국 그 거대한 꿈을 실현했다.

또 미국의 자동차왕인 헨리 포드(Henry Ford) 역시 커다란 꿈과 희망, 기대를 갖는 것을 무엇보다 중시한 인물이었다. 그에게는 이런 유명한 일화가 전해진다. 어느 라디오 방송에서 DJ가 포드에게 다음과 같이 질문했다.

"당신은 미국을 대표하는 대부호입니다. 그렇다면 미국에서 가장 머리가 좋은 사람은 누구인지 알고 계십니까?"

"글쎄요. 누구인가요?"

"전미 퀴즈 프로그램에서 우승한 사람입니다. 만약 이 사람을 고용한다면 당신은 급여로 얼마를 줄 의향이 있으신가요?"

그러자 포드는 잠시 생각한 뒤 "백과사전의 가격, 그러니까 25달러에서 30달러를 주겠습니다"라고 재치 있게 대답했다. 깜짝 놀란 DJ가 "그렇다면 어떤 사람에게 높은 급여를 주시겠습니까?"라고 재차 묻자 그는 즉시 "저보다 욕망이 크고 문제를 빠르게 해결할 능력이 있는 사람입니다. 그런 사람이라면 저보다 높은 급여를 주겠습니다"라고 말했다.

포드가 말한 '욕망이 큰 사람'은 바로 큰 꿈이나 희망, 기대를 가질 수 있는 사람을 말한다. 그렇다면 어떻게 하면 그런 사람이 될 수 있을까? 최대한 발상을 크게 하고 그것을 반드시 말로 표현해야 한다. 거대한 욕망과 큰 생각을 품은 사람만이 큰 성공을 거둘 수 있다.

성공하는 사람들은 꿈의 크기부터가 다르다. 꿈이 큰 사람이 '큰 사람'이 된다. 지금부터 당신의 꿈을 키울 수 있는 다음 주문의 말을 마음 깊이 새겨라.

|

"이 세상에 내가 이루지 못할 건 아무것도 없다."

Chapter

꿈은 말하는 대로 이뤄진다

SPEAKING PSYCHOLOGY

사람은 행복하기로 마음먹은 만큼 행복하다.

– 에이브러햄 링컨(Abraham Lincoln)

Section 37

인간의 뇌에는 자동 목적 달성 장치가 있다

나리타공항을 출발해 뉴욕으로 가는 대형 여객기를 생각해보자. 이 여객기는 파일럿이 조종하는 게 아니라 거의 대부분 오토파일럿, 즉 '자동 조종 장치'로 목적지까지 비행한다. 도중에 바람이 불어서 속도나 방향에 변화가 나타나면 오토파일럿이 그 변화를 피드백하기 때문에, 12시간이라는 긴 시간을 비행하면서도 정해진 시간과 항로를 거의 벗어나지 않은 채 뉴욕의 존 F. 케네디 공항에 무사히 착륙할 수 있다.

여객기가 이렇게 정확한 비행을 할 수 있는 건 컴퓨터로 제어되기 때문이다. 컴퓨터는 인간의 뇌와 자주 비교되는데, 인간 뇌에 있는 자동 목적 달성 장치의 역할을 담당한다고 할 수 있다.

그렇다면 인간의 뇌에 있는 자동 목적 달성 장치는 어떤 것일까?

예를 들어 내가 오사카로 강연하러 간다고 하자. 강연 장소와 일시가 정해지면 나는 교통수단을 선택하고 예정된 강연 시간 전에 도착할 계획을 세운다. 내가 사는 아타미역에서 몇 시 몇 분에 출발하는 기차를 타고 시즈오카역에서 다른 기차로 갈아타 몇 시 몇 분에 오사카에 도착한다. 이 계획대로면 강연 시작 20분 전에 강연 회장에 도착할 수 있다.

바로 이 계획이 여객기가 나리타공항을 이륙할 때 입력되는 뉴욕 도착에 필요한 소프트웨어 같은 것이다. 인간도 계획만 세우면 그 후에는 자신의 뇌에 있는 오토파일럿의 유도를 받으며 목적지를 향해 나아간다. 이 경우 나를 목적지까지 데리고 가는 것은 바로 내 머릿속의 자동 목적 달성 장치다. 만약 도중에 기차가 연착한다면 나의 뇌는 교통수단을 택시로 바꿀 것이다. 이것은 바람의 방향을 계산하고 피드백해서 비행 속도와 항로를 수정하는 것과 같은 작업이다. 이처럼 인간의 뇌에는 목적을 세우면 그 목적을 달성시키려 하는 자동 목적 달성 기능이 있다.

간절히 바라면 이뤄지는 건 당연하다. 우리 인간은 그렇게 만들어진 존재다. 지금부터 당신이 원하는 바를 머릿속에 생생하게 그려라. 그리고 이렇게 소리 내어 말하라. 바라는 대로 미래가 펼쳐질 것이다.

"내 꿈은 반드시 이뤄질 거야."

Section 38

꿈의 실현을 방해하는 것은 나 자신이다

A라는 사람이 어떤 목표를 세웠다. 그것은 몇 년 뒤 자녀가 중학교에 들어가기 전까지 한적한 교외에 내 집을 짓는 것이다. 그가 머릿속에 그렸던 것은 세 가족이 함께 살기에 충분한 조금 큰 멋진 집이었다. 지금 자신의 수입을 생각하면 금전적인 측면에서 조금 버겁지만, 큰 집에서 살고 싶었던 A는 "반드시 실행하겠어"라고 선언했다.

단호한 목적이 설정되면 앞에서 이야기한 오토파일럿이 작동한다. A의 일상은 무의식중에 '몇 년 뒤에 내 집을 짓는다'라는 방향으로 움직이기 시작했다. 이 말은 A가 자신의 내부에 있는 자동 목적 달성 장치에 자신의 꿈을 입력했다는 것이다. A는 돈을 절약하기 시작했고, 계약금이 착실히 모이기 시작했다. 또 여러 가지 정보와 지식을 모으는 가운데 상상 속의 내 집이 점점 선명한 모습을 띠어 갔다.

A는 직장 선배와 동료들에게 자신의 계획을 털어놓았다. 자신의 꿈을 소리 내어 말하는 것이 자신에 대한 격려가 된다고 생각해서 다. 실제로 집에 대한 계획을 다른 사람에게 말한 것은 A에게 더 없는 격려가 되었다.

그리고 또 한 가지 이유는 무엇인가 참고가 될 만한 조언을 얻을 수 있을지 모른다는 생각에서였다. 그런데 A가 신뢰하는 선배가 다음과 같은 이야기를 들려줬다.

"집을 짓는다는 것은 그렇게 만만한 꿈이 아니야. 거액의 대출금을 평생 갚느라 고생만 할 뿐이라고. 게다가 불황이라도 닥쳐서 구입한 토지와 건물 가격이 반 토막 나버리기라도 하면 어떡하려고 그래? 포기하는 게 좋아. 나도 그렇게 생각해서 아직 집을 짓지 않았어."

A는 불안해졌다. 때마침 불황의 바람이 불고 있었던 탓도 있어서 선배의 의견은 귀중한 충고가 됐다.

A는 다시 한번 계획을 점검해봤다. 그러자 아무리 생각해도 자

녀가 중학교에 들어가기 전까지 내 집을 갖는다는 목표는 무리인 것 같았다. 계획을 축소해보는 등 여러 가지 궁리를 해보았지만 여전히 어렵다는 결론밖에 나오지 않았다. 이것저것 고민한 끝에 A는 계획을 단념하고 말았다.

A는 과연 현명한 결정을 한 것일까? 물론 선배의 말을 들은 이상 그만두는 편이 나았다고 할 수도 있다. 부정적 기분인 상태로 계획을 진행해서는 결코 좋은 결과가 나올 수 없기 때문이다. 다만 한 가지 말할 수 있는 점은 상담 상대가 그다지 적절하지 않았다는 것이다.

A의 선배는 아직 집을 짓지 않았다. 기왕 상담을 받을 거면 자신의 집을 지은 적이 있는 경험자를 찾았어야 했다. 그런 사람이라면 반응이 달랐을지도 모른다.

만약 "좋은 계획이야. 나도 조금은 무리가 아닐까 생각했지만, 어차피 평생에 한 번이니까 무리해서라도 짓자고 결심했지. 돈 문제는 어떻게든 해결될 테니까 열심히 노력해서 실현해봐."

이런 격려를 받았다면 A는 어땠을까? 계획을 그대로 진행했을 것이며, 반드시 목적을 실현했을 것이다.

성공과 실패는 당신 마음속 종이 한 장 차이일 뿐이다. 뚜렷한 목적이 있음에도 두려움에 망설여진다면 다음 주문을 마음에 새겨라.

|

"뭐가 문제야? 어렵지 않아!"

Section 39

원하지 않으면
이뤄질 수 없는 법이다

인생을 '생존 경쟁'이라고 생각하며 하루하루를 보내는 청년이 있었다. 그는 오랫동안 실업자 신세였는데, 새로운 일자리를 얻고 얼마 되지 않아 결혼하게 되었다. 그는 실업자 시절에 돈 없는 설움을 뼈저리게 경험했기 때문에 돈을 효율적으로 쓰는 것을 결혼 생활의 기본 방침으로 삼았다.

그는 아내에게 이렇게 말했다.

"돈이 인생의 전부는 아니야. 그래서 나는 부자가 되고 싶은 마음은 없어. 검소하게 살면서 행복한 가정을 꾸리자."

부부는 미래에 대한 설계를 착실하게 해나갔다. 아내가 임신하자 부부는 미리부터 아이의 대학 등록금을 모으기 시작했다. 유치원에 들어간 아이가 극장에서 상영하는 애니메이션을 보여 달라고 조르면 극장에 데려가서 아이만 들여보내고 자신들은 밖에서 기다릴 정도로 철저히 절약하며 살았다. 1년에 딱 한 번 아이의 생일에 외식할 때도 가급적 값싼 패밀리 레스토랑을 이용했다. 또 출장 갈 때는 회사에서 교통비로 기차 요금을 받은 다음 저렴한 야간 버스를 이용해 차액을 남겼다. 그는 이와 같이 절약하는 생활을 꾸준히 실천했다.

여기서 한번 생각해보자. 이 남자의 문제점은 무엇일까? 그는 성실하고 누구에게도 피해를 입히지 않으며 자신이 할 수 있는 범위에서 최대한 절약하며 행복한 가정을 꾸리고 있다. 그러나 조금 다른 각도에서 생각해보면 대체 그는 왜 '나는 부자가 되고 싶은 마음은 없다'고 결심하게 된 것일까? 절약은 미덕이지만 그렇다고 애써 '부자가 되지 않아도 괜찮다'는 생각을 선택할 필요성은 전혀 없다. 그는 가난뱅이 시절의 힘들었던 기억에서 벗어나지 못했고, 자동 목적 달성 장치의 존재 자체도 알지 못했다. 따라서 앞으로 아무리 절약해도 부자가 될 수 없다. 그가 원치 않기 때문이다.

이 세상에는 가난한 사람들이 많다. 그들 대부분은 본의 아니게 가난해진 것이 아니다. 가난에 안주한다는 선택을 했기 때문에 가난한 것이다.

"나는 부자가 된다는 생각은 꿈도 못 꿔"라고 말하는 사람을 종종 본다. 물론 그 사람은 진심으로 한 말일 것이다. 하지만 돈이 됐든 무엇이 됐든 그것을 불러들이기 위한 '키워드'는 분명 존재한다. 키워드 자체를 거부하거나 무시하는데 돈이 결코 모일 리 없다. 차라리 "나는 돈이 좋아. 꿈을 실현하게 해주니까"라고 말하는 편이 가난에서 벗어나는 방법이 될 수 있다.

"해외 여행 한 번 어떻습니까?"
"가고는 싶지만 금전적인 여유가 없습니다."
"그렇다면 국내 여행은요?"
"가고는 싶은데 시간 여유가 없어서…"

흔히 "여유가 없다"라는 말을 자주 쓴다. 하지만 이렇게 말하는 것은 곧 자신의 가능성을 배제하는 것이나 다름없다. 여유는 경제적인 것도, 시간적인 것도, 체력적인 것도 아니라 어디까지나 심리적인 것이다. 진짜 '여유 없는' 삶을 살고 싶지 않다면 지금부터라도 "여유가 없어" 같은 말은 인생의 금구(禁句)로 삼도록 하라.

희망만 존재한다면 모든 일의 가능성은 누구에게나 열려 있다. 그럼에도 당신 스스로 차단하고 마음을 닫아두고 있는 건 아닌지 한번 생각해보라. 모든 가능성이 현실이 되는 주문의 말을 외쳐보자.

"난 뭐든지 할 수 있어!"

Section 40

긍정적인 선택이 꿈을 현실로 만든다

사람은 매순간 선택을 하며 살아간다. 과거에도 그랬고 현재도 그러하며 앞으로도 그럴 것이다.

인생에서 어떤 선택을 할 때 주의할 점이 하나 있다. 바로 어떤 일이 일어나더라도 긍정적인 마음가짐으로 선택하라는 것이다. 선택의 기로에서 고민 끝에 어떤 선택을 했을 때 자신의 선택이 '틀린 것은 아닐까?'라든가 '저쪽을 선택하는 편이 좋지 않았을까?'라고 생각해서는 안 된다. 비관적 마음가짐으로 선택하는 사람보다 긍정적, 낙관적인 마음가짐으로 선택하는 사람이 훨씬 더 자신이 원하는 인생을 실현할 가능성이 높다.

선택과 관련한 한 가지 예를 소개하겠다.

같은 고등학교에 다니는 A와 B라는 학생이 있었다. A와 B는 모두 도쿄대학이 목표였는데, 둘 다 입학시험에 떨어져 재수를 했다. 두 사람은 이듬해에도 도쿄대학에 도전했지만 역시 실패하고 말았다. 그러자 4수는 곤란하다는 생각에서인지 다음 해에는 도쿄대학에 도전하면서 보험으로 W사립대학의 입학시험도 치렀다. 결국 두 사람 모두 도쿄대학에는 또다시 떨어졌지만 W대학에는 합격했다. 물론 W대학도 일류 대학이므로 창피하게 생각할 필요는 전혀 없었다. 그런데 B가 도쿄대학 진학에 실패한 것을 깨끗이 잊어버린 데 비해 A는 도쿄대학에 가지 못한 것을 계속 마음에 담아둔 채 떨떠름한 마음으로 학교에 다녔다. 즉 B는 긍정적, 낙관적인 마음가짐으로 W대학을 선택했지만 A는 부정적, 비관적인 마음가짐으로 W대학을 선택한 것이다.

그 후 두 사람은 어떻게 되었을까? B는 대학을 졸업하고 2류 회사에 취직해 나중에 중역으로까지 승진했는데, 회사가 크게 성장해서 현재 업계 최고의 기업이 되었다. 또 사생활의 측면에서도 결혼 후 두 아이를 얻어 평화로운 가정을 꾸리고 있다. 반면 A는 1년 만에 대학을 중퇴하고 고정된 직업 없이 아르바이트를 전전하며 늙은 어머니와 함께 살고 있다. 벌써 50세가 넘었지만 다른 사람들과 잘 어울리지 못하고 여전히 부모에게 얹혀살고 있는 것이다.

이것은 내 주변에서 있었던 실화다. 능력이나 가정환경에 큰 차이가 없었던 두 사람의 미래가 이렇게 크게 달라진 이유는 무엇일까?

두 사람 모두 도쿄대학에 합격하는 것이 꿈이었다. 그러나 그 목적을 달성하지 못했을 때 다음 선택지였던 W대학을 어떤 마음가짐으로 선택했느냐의 차이가 두 사람의 미래를 이렇게 크게 바꿔놓고 말았다.

일단 선택했다면 당신의 선택을 믿어라. 믿음과 확신은 성장의 밑거름이 될 것이다. 당신 선택을 확신하는 주문의 말은 바로 이것이다.

|

"난 내 선택을 믿어!"

Section 41

사고방식도
선택 가능하다

'사고방식'도 선택의 결과다. 하지만 대부분의 사람은 사고방식을 선택이라고 생각하지 않기 때문에 원치 않는 결과가 나와도 좀처럼 방향 전환을 하지 못한다.

마틴 코헤(J. Martin. Kohe)가 쓴 《당신의 위대한 힘(Your Greatest Power)》에는 원인 모를 병에 걸려 앓아누운 소년의 이야기가 나온다. 의사도 병의 원인이 무엇인지 알지 못했다. 다급해진 부모는 지푸라기라도 잡는 심정으로 유명한 신부에게 기도를 부탁하기로 했다. 부탁을 받고 찾아온 신부는 부모에게서 소년의 사정을 자세히 듣고 소년이 누워 있는 방에 들어갔다. 그리고 소년의 이마에 손을 얹고, "꼬마야, 너에게 진실을 말해주마. 하느님은 너를 진정으로 사랑하신단다"라고 말했다.

신부는 소년과 잠시 이야기를 나누고 부모가 기다리고 있는 방으로 돌아갔다. 딱히 특별한 기도를 올린 것 같은 모습은 아니었다. 그런데 신부가 돌아가려 하자 놀랍게도 소년이 현관까지 배웅을 나왔다. 그 모습을 본 부모는 깜짝 놀랐다. 그때까지 소년은 몇 달 동안 단 한 번도 침대 밖으로 나온 적이 없었기 때문이다. 소년은 얼마 후 밝고 쾌활하며 힘이 넘치는 예전의 소년으로 되돌아갔다.

소년에겐 대체 무슨 일이 일어난 것일까? 이 이야기에서 우리는 한 사람이 어떤 사고방식을 선택하느냐에 따라 일어날 수 있는 변화를 잘 알 수 있다. 소년의 가정은 매우 엄격했다. 평소 소년의 부모는 행실을 바로잡고자 "그런 짓을 하면 하느님이 벌을 주실 거야"라고 자주 소년을 꾸짖었고, 소년이 다치면 "그것 보렴. 하느님이 벌을 내리신 거야"라고 말했다. 거듭되는 부모의 잔소리와 설교, 그것도 걸핏하면 하느님을 들먹인 탓에 소년은 '하느님은 나를 사랑하지 않아'라고 믿게 되었다. 그리고 동시에 엄격한 예의범절을 강요하는 부모에게 혐오감을 느꼈다. 그런데 신부가 나타나 "하느님은 너를 사랑하신단다"라고 말해준 것이다. 소년은 신부의 격려에 자신이 하느님께 사랑받고 있음을 비로소 깨달았다. 즉 소년은 하느님께 사랑받고 있다는 생각과 사랑받지 않고 있다는 생각 중에서 전자를 선택함으로써 병이 씻은 듯이 나을 수 있었다.

    이처럼 사람은 늘 선택의 기로에 서 있다. 물론 좋은 선택도 있고 나쁜 선택도 있을 것이다. 하지만 선택의 주체는 어디까지나 나 자신이므로 원치 않는 결과가 나와도 그 책임은 오롯이 자신의 몫이다.

    인생이 선택의 연속이라는 것은 일상생활의 사소한 부분에만 적용되는 이야기가 아니다. 사고방식에서부터 환경, 삶의 방식에 이르기까지 모든 것이 당신에게 달려 있다.

자신의 선택을 확신한다면 결과가 어떻든 후회는 결코 남지 않는다. 다음 주문의 말이 당신 선택에 믿음을 줄 것이다.

|

"난 내 선택을 후회하지 않아."

Section 42

몸은 마음이
시키는 대로 한다

　우리 몸의 메커니즘은 무서우리만치 마음과 연동돼 있다. 양자의 관계를 비유적으로 표현하면 '몸은 마음의 시종'이라고 할 수 있다. 몸은 주인인 마음의 명령을 거역하지 못하고 "알겠습니다, 주인님"이라며 시키는 대로 한다. 여기에서 '마음'이란 생각, 사고(思考), 마음을 말하는데, 이것을 하나로 묶어서 의식이라고 총칭할 수 있다. 즉 의식은 몸과 연동한다. 인간으로서 산다는 것은 자신이 의식하는 바를 실현하는 것이다. 의식을 가지면 자율신경계는 생존을 위해서만이 아니라 의식을 포함한 종합적인 생명력으로서의 기능을 발휘한다.

거리를 걷다 보면 부동산 중개소의 간판을 많이 볼 수 있다. 부동산 중개소의 바깥 유리나 전신주에는 아파트 매매, 전세, 월세, 토지 매매 등의 정보가 붙어 있다. 우리는 평소에도 이런 정보들을 보지만 특별히 의식하지는 않는다. 그러나 일단 이사를 해야 하거나 집을 사려는 계획을 세우면 그 뒤로는 어디를 가도 부동산 정보만 눈에 들어오기 시작한다.

또 다른 예가 있다. 다이어트를 해본 사람은 알겠지만, 다이어트 중에는 텔레비전 광고가 전부 음식과 관련된 것처럼 느껴진다. 실제로는 그렇지 않음에도 그런 생각이 든다는 것은 배고픔이 음식의 정보만 선택해서 뇌에 전달하기 때문이다.

이와 같이 마음이 무엇인가를 생각하고 그것이 의식화되면 몸의 메커니즘은 그 의식을 좇아 활동하기 시작한다.

우리의 뇌 신경계에는 RAS(Reticular Activation System, 망상 활성계)라는 영역이 널리 퍼져 있다. RAS의 R은 'Reticular'라는 단어의 머리글자로, '그물 모양의'라는 의미이다. 이 RAS의 기능은 아직 충분히 밝혀지지 않았지만 적어도 감각 정보를 대뇌로 전달하는 경로로서 인간의 마음, 정신과 깊은 관계가 있음은 틀림없다.

확실히 밝혀진 기능 중 하나는 의식의 선별 기능이다. 간단히 말하면 자신이 좋아하는 것, 관심 있는 것은 무조건 통과시키고 좋아하지 않는 것, 관심이 없는 것은 의식 속에 들어가지 못하도록 막는 시스템이다. 앞에서 이야기했듯이 이사를 생각하지 않았을 때는 무심코 지나치던 부동산 정보가 이사를 결정한 순간부터 선명하게 보이기 시작하는 것은 이 RAS의 기능과 관계가 있다.

예전에 나는 지인의 집에서 하룻밤을 묵게 되었다. 그 집은 대로변에 위치해 있었는데 나는 도로를 달리는 자동차 소음으로 인해 밤새 잠을 거의 이루지 못했다. 그런데 지인의 가족들은 소음에 개의치 않고 편히 자는 것 같았다. 다음 날 아침 나는 지인에게 "자동차 소리가 시끄럽던데 주무시면서 거슬리지 않았습니까?"라고 물었다. 그랬더니 "익숙해져서 괜찮습니다"라는 싱거운 대답이 돌아왔다.

지인의 가족들에게 자동차의 소음은 불필요한 방해꾼이다. 따라서 RAS가 필요 없는 소음을 통과시키지 않도록 기능한 것이다. 모든 소리를 받아들이는 마이크와 달리 사람의 귀는 원하는 소리만 받아들이고 필요 없는 소리는 배제하는 고기능 장치인 것이다.

단 고기능이라고 해서 무작정 좋기만 한 것은 아니다. 의식의 명령을 받으면 설령 그것이 위험하거나 잘못된 명령이라고 해도 무조건 기능하는 위험성도 지니고 있다. 요컨대 RAS는 인간적인 충고는 일체 해주지 않는다. 절벽에서 몸을 던지라는 명령도 그대로 실행할 수 있다는 말이다. 주인인 마음이 병들어서 몸을 망칠지도 모르는 명령을 내리더라도 충실히 따른다. 마음이나 생각이 항상 긍정적, 낙관적이어야 하는 이유는 몸과 마음이 친구나 부모 자식 같은 관계가 아니라 왕과 충실한 시종의 관계이기 때문이다.

마음이 아프면 몸도 따라서 아픈 법이다. 이것이 우리가 항상 좋은 생각만 품고 좋은 말만 해야 하는 이유다. 그러니 늘 이 주문의 말을 마음 깊이 새기고 말하고 실천하라.

|
"항상 좋은 생각만 하자!"

Section 43

습관에 매몰되면
큰 기회를 놓친다

일상생활은 습관의 연속이다.

습관에도 좋은 습관과 나쁜 습관이 있다. 습관에 매몰되면 그것이 나쁜 것일지라도 아무런 의문도 품지 않기 때문에 종종 커다란 기회를 놓치고 만다.

이집트에서는 이런 얘기가 전해진다.

먼 옛날 알렉산드리아 도서관에 화재가 났을 때 단 한 권의 책만이 불타지 않고 남았다. 어느 가난한 청년이 우연히 그 책을 손에 넣었는데 읽어보니 취향에는 맞지 않는 내용이라 도무지 재미가 없었다. 그 중 딱 한 부분이 청년의 흥미를 자극했는데, 바로 '황금석'

에 대한 내용이었다. 황금석은 옆에 놓아두기간 해도 어떤 금속이든 순금으로 바꿔준다는 마법의 돌이다. 황금석에 흥미를 느낀 청년은 그 돌이 있다는 흑해 연안을 찾아갔다.

황금석을 구분하는 법은 단 하나, 겉모습은 평범한 돌이지만 만져보면 따뜻하다는 것이었다. 청년은 이 구분법에 의지해 해변의 돌을 닥치는 대로 주워서 확인하기 시작했다. 캠프를 차리고 매일 황금석 찾기에 열중했다. 그리고 똑같은 돌을 두 번 주워서 시간을 낭비하지 않도록 차가운 돌은 전부 바다로 던져버렸다.

아침부터 밤까지 주워서는 바다로 집어 던지는 행동을 반복한 사이 3년이라는 세월이 흘렀다. 그리고 4년째의 어느 날 아침, 청년은 작은 돌 하나를 주웠다. 그것은 그가 그토록 찾아 헤매던 따뜻한 돌, 바로 황금석이었다. 하지만 청년은 그 돌을 주워서는 아무렇지 않게 바다로 던져버렸다. 돌은 퐁당 하고 바닷속으로 가라앉고 말았다. 그리고 다음날도, 그 다음날도 계속해서 청년은 해변에서 황금석을 찾아 헤맸다.

"수단이 목적이 되어버렸다"라는 말처럼, 바다로 돌멩이를 던지는 습관이 몸에 밴 청년은 언제부터인가 목적을 잊고 수단만 반복하는 '무목적 인간이 되어갔다. 그나마 다행인 점은 자신이 황금석을 바다에 던졌다는 사실조차 깨닫지 못한 것이다. 만약 집어 던진

직후에 그것이 황금석이었음을 깨달았다면 얼마나 허탈했을까?

"인격은 습관이 입고 있는 옷이다"라는 말이 있다. 습관 중에서도 특히 '사고 습관'은 인간에게 직접적으로 영향을 준다. 사고 습관은 인생의 나침반으로서 뇌에 각인돼 그 사람의 인생을 지배한다.

황금석을 찾아 헤맨 청년의 경우, 첫 단추는 제대로 끼웠다. 한 권의 책에서 자신의 꿈을 발견했고 현지를 직접 찾아가는 실행력도 있었다. 그럼에도 꿈을 실현하지 못한 이유는 자기도 모르는 사이에 일상에 매몰되어버렸기 때문이다. 사람은 지루함을 느끼면 변화를 원하지만, 어떤 일에 열중해 빠져들기 시작하면 주위가 보이지 않게 되어버리곤 한다. 그가 매일 돌을 주워서 바다에 던지는 단조로운 작업을 3년이나 계속할 수 있었던 까닭은 그 행위에 빠져들었기 때문이다. 그러나 그 다음이 문제였다. 눈앞의 현실에 몰두한 나머지 꿈의 실현이라는 진짜 목적을 잊고 말았다.

단조로운 작업의 반복은 종종 사람을 최면 상태로 유도한다. 그럴 때는 생활 속에서 자극을 줘야 하는데 청년은 그것을 잊어버린 것이다.

혹시 당신도 기껏 황금석을 손에 쥐었지만 이를 깨닫지 못하고 바다에 던져버린 청년과 똑같은 행동을 하고 있지는 않은가?

만일 지금의 모습이 당신이 원하던 그것이 아니라면, 일상의 매너리즘에 빠졌다면 과감한 변화를 줘라. 습관의 껍질을 깨고 평소와 다르게 행동하라. 다음 주문의 말이 인생의 새로운 즐거움에 눈뜨게 해줄 것이다.

|
"그래, 한번 시작해볼까?"

Section 44
목적, 꿈, 희망은 가장 좋은 묘약이다

아무 문제없이 건강했던 사람도 정신적으로 큰 타격을 입고 삶의 목적을 잃어버리면 어느 순간 갑자기 몸이 망가져 버린다. 정도가 심하면 심지어 죽음에 이르기도 한다. 이와 반대로 목적이나 꿈, 희망이 분명한 사람은 영양학이나 보건학적으로는 병에 걸릴 것 같은 생활을 하면서도 건강하게 살아간다. 이는 곧 인생에서 확고한 목적이나 꿈, 희망을 갖고 사는 것이 얼마나 중요한가를 말해주는 것이다. 헤브라이의 왕 솔로몬은 "희망보다 좋은 묘약은 없다"라고도 했다.

나는 벌써 수십 년에 걸쳐 매일 아침 조깅을 하고 있다. 나 자신의 건강을 유지하기 위함이지만, 세포가 좋아하니까 하기도 한다. 그리고 조깅에는 또 한 가지 중요한 효용이 있다. 조깅을 할 때는 뇌에서 쾌적함을 증폭시키는 쾌감 호르몬을 만들어낸다. 이 중 하나인 베타엔도르핀은 면역력을 높이고 피부의 윤기를 더해주며 노화를 방지하는 호르몬이다.

그런데 같은 조깅이라도 누가 강제로 시켜서 억지로 하는 사람에게서는 이 쾌감 호르몬이 나오지 않는다. 마지못해 달리면서 '너무 힘드네…'라고 생각하면 몸 상태는 오히려 악화된다. 때때로 조깅 중에 돌연사하는 사람이 있는데, 그런 사람은 아마도 즐거운 마음으로 달리지 않았을 것이다. 건강을 위해서라고 억지로 생각하며 무리하게 달렸을 것이 틀림없다. 이런 강제된 운동은 불쾌감뿐만 아니라 강한 스트레스 상태를 유발한다. 이때 뇌에서는 흥분을 촉진하는 호르몬인 아드레날린, 스트레스 호르몬인 당질 코르티코이드가 나온다. 이런 종류의 호르몬이 매일 날뛰도록 내버려두면 근육과 신경계가 손상되며 최종적으로는 면역력 상실로 이어진다. 이런 메커니즘은 조깅뿐만 아니라 학습, 노동, 식사 등의 인간 활동에 똑같이 적용된다.

"좋아하면 잘하게 된다"라는 옛말이 있는데, 잘하고 못하고의 문제뿐만 아니라 즐거운 마음으로 쾌적하게 임하느냐 마지못해 혹은 억지로 강요받아서 임하느냐에 따라 생체에서 일어나는 화학 반응이 정반대가 된다.

나는 회사 임원이었던 63세에 완성시키고 싶은 연구 논문이 있어 대학원에서 박사 과정을 시작했다. 당시 나는 여타 대학원생처럼 연구에 몰두할 수 있는 시간이 없었다. 그러나 나는 대학원을 수료할 때까지 3년 동안 매일 새벽 3시에서 아침 6시까지 3시간 동안 연구와 논문 집필에 몰두했다. 그리고 6시부터 조깅을 시작하고, 7시에 집에 돌아오면 아침 식사를 마친 다음 회사에 출근했다. 이런 생활을 계속한 덕분에 새벽에 하는 3시간의 공부가 낮에 6시간을 공부하는 정도의 효율이 있다는 새로운 사실도 발견했다.

제일 큰 문제는 체력이었다. 대학원에 가서 교수의 지도를 받는 것은 고작해야 한 달에 한두 번이었기에 별 문제가 아니었다. 다만 나는 회사 업무가 끝나면 8시쯤 귀가해서 저녁 식사를 마치고 밤 10시 반에서 11시쯤 잠자리에 드는 생활을 했는데, 비즈니스를 하다 보면 일주일에 한두 번은 이 패턴을 지키지 못하게 된다. 그런 상태에서 새벽 3시에 일어나야 했으니 평균 수면 시간은 4시간에 불과했다. 그럼에도 나는 3년 동안 최고의 컨디션을 유지했다. 그건 바로 좋아하는 일을 한다는 기쁨 속에서 일했기 때문이다.

이런 자세로 일하면 다른 사람의 눈에는 과로하는 것처럼 보이더라도 결코 힘들지 않다. 인간의 몸이 쾌적하게 사는 것을 목적으로 만들어졌음을 실감한 3년이었다.

매 순간 즐거운 마음으로 임하는 사람은 절대 병들 수 없다. 무엇을 시작하기에 앞서 다음 주문부터 소리 내어 말하라. 아마 모든 순간이 즐거움의 연속일 것이다.

|
"매 순간순간이 난 너무 즐거워!"

Section 45

젊음과 아름다움의 비결은 '두근거림'이다

　우리는 매일 많은 사람을 만난다. 그러나 눈앞에서 장장 30분을 이야기했는데도 막상 헤어진 뒤에 누군가가 "그 사람, 오늘 무슨 옷 입었어?"라고 물어보면 기억이 잘 나지 않을 때가 많다. 카메라라면 모든 것을 영상으로 남기겠지만 우리 눈은 그런 데는 소질이 없는 듯하다. 그렇다고 이를 한탄할 필요는 없다. 우리 눈은 카메라와 달리 자신이 보고 싶은 것은 보고, 보고 싶지 않은 것은 보지 않을 수 있기 때문이다.

　눈은 뇌의 일부이므로 의식과 직결돼 있다. 의식에 담겨 있는 것은 인식되지만 의식하지 않는 것, 의식이 약한 것은 딱 그 정도의 농도로 기억된다. 전혀 의식하지 않는 것은 인식되지 않는다. 그런 까닭에 30분 동안 이야기를 나눈 사람이 신발을 신고 있었는지 아닌지조차 기억하지 못하는 경우도 얼마든지 있다.

나는 여성을 대상으로 한 강연을 자주 의뢰받는다. 예전에 장수학을 연구한 적도 있기 때문인지 내 강의를 수강하는 사람 중엔 중년 여성이 압도적으로 많다. 한 가지 눈에 띄는 점은 10년 전과 비교하면 아름답고 매력적인 중년 여성이 크게 늘어났다는 것이다. 남성이든 여성이든 이성을 의식하지 않고선 아름다워지거나 매력적이 되기는 어렵다. 최근 들어 매력적인 여성이 늘어난 것은 그만큼 이성에 흥미를 느끼는 정도가 예전보다 높아졌음을 입증하는 것이다.

이런 전제에서 나는 강연 중에 "오늘 이곳에 오기 전에 지하철이든 어디든 상관없으니 '멋진 남자'를 보신 분, 잠시 손을 들어주시지 않겠습니까?"라고 물어보곤 한다. 반응은 거의 없다. 2~300명의 수강자 가운데 두세 명이 손을 들면 많이 든 편이다. 그런 다음 나는 계속해서 이런 이야기를 한다.

"당신이 아름답게 나이를 먹으려면 '두근두근 호르몬'의 힘을 빌려야 합니다. 인간에게는 가슴이 두근거릴 때 반드시 나오는 호르몬이 있습니다. 그 호르몬은 젊음과 아름다움을 유지하는 데 도움을 주지요."

이렇게 말하면 수강자들 사이에서 알 수 없는 웃음이 터져 나오는데, 속으로 '내 주위에는 그렇게 나를 두근거리게 할 만큼 멋진 남자가 없는 걸'이라고 생각해서인 듯하다. 간혹 '내게는 사랑하는 남편이 있는데 다른 남자가 눈에 들어올 리가 있겠어?'라고 생각하는 여성도 있을 것이다. 그러나 그것은 아주 큰 착각이다. 당신은 이미 내가 하고 싶어 하는 말이 무엇인지 눈치 챘을 것이다. 관심이 없는 것은 시야에 들어오지 않는다. 즉 매력적인 남성이 없는 것이 아니라 있어도 보지 못할 뿐이다. 그렇다면 어떻게 해야 관심을 갖게 될 수 있을까? 불륜을 권하는 것은 아니지만, 두근거림을 느껴서 아름다워질 수 있다면 당연히 남성에게 관심을 가져야 한다.

나는 이런 전제 하에 다음과 같이 말한다.

"여러분, 오늘부터는 고상함을 유지하면서 주위에 좋은 남성이 없는지 열심히 살펴보시기 바랍니다. 그러면 반드시 몇 명 정도는 눈에 들어올 것입니다. 도저히 찾지 못하겠다면 사람이 많이 다니는 곳이나 역에서 찾아보십시오."

"말을 걸라는 말이 아니니까 부끄럽게 생각할 필요는 전혀 없습니다. 1, 2주 정도 계속하면 익숙해질 겁니다. 익숙해지면 보지 않는 듯하면서 유심히 바라보는 기술이 생기지요."

"그리고 집에 돌아오면 일기장이나 수첩에 '오늘 발견한 멋진 남성' 같은 코너를 만들어서 '저녁에 지하철에서 본 캐주얼 복장의 낭만적인 중년 남성. 영화배우 ○○○처럼 생겼어!'와 같은 식으로 그날 본 가장 멋진 남성을 기록하십시오."

"일주일이 지나면 그중에서 '이번 주의 가장 멋진 남성'을 정하고, 한 달이 지나면 '이번 달의 가장 멋진 남성'을 정하십시오. 물론 1년이 지나면 '올해의 가장 멋진 남성'을 정하십시오."

이 방법은 중년 여성들로부터 큰 호응을 받았는데, 사실은 두 가지 중요한 효용이 숨어 있다. 우선 이 방법을 실행하면 정말로 이성에 대한 관심이 높아져 지금까지 보이지 않았던 것이 보이기 시작한다. 처음에는 얼굴이 잘생겼다거나 키가 크다거나 하는 특징적인 것들만 보이겠지만, 서서히 관심이 높아지면 표정이나 옷, 센스, 사람 됨됨이까지 짐작할 수 있게 된다.

클럽을 경영하는 사람이 사람 보는 눈이 예리하다는 말을 듣는 이유는 좋든 싫든 매일 수많은 이성을 관찰할 기회가 많기 때문이다. 그러나 굳이 클럽을 경영하지 않아도 지금 말한 것을 실천하면 같은 수준의 남성 전문가가 될 수 있다.

이성을 깊이 이해하게 되면 매일 얼굴을 마주하는 남편이 사실은 촌스러운 사람이었다거나 사내다운 멋진 남성이었다는 등의 새로운 발견을 하게 될지도 모른다.

또 다른 효용은 이성을 의식한 결과 일어나는 몸속의 생화학 반응이다. 멋진 이성을 의식하면 몸은 확실히 긍정적인 반응을 보이며 두근두근 호르몬이 나오기 시작한다. 간혹 "우리한테는 그럴 기회도 없잖아?"라고 말하는 사람도 있을 것이다. 하지만 이런 말을 말버릇처럼 하며 자신을 규정해버리는 사람에게 기회는 절대 오지 않는다.

당신에겐 지금 사랑하는 사람이 있는가? 아니면 누군가와 달콤한 사랑에 빠지고 싶은가? 사랑의 고백은 백 번, 천 번을 들어도 언제나 상대방을 기분 좋게 만든다. 당신의 잠들어 있는 연애 세포를 깨어나게 할 주문의 말은 다음과 같다.

"사랑해, 사랑해, 사랑해."

| 에필로그 |

습관처럼 말하다 보면 어느새 이뤄진다

말버릇의 효과는 말을 한 순간 곧바로 나타난다.

"좋았어, 일단 해보자", "괜찮아. 반드시 할 수 있어", "내 미래는 언제나 밝을 거야"…처럼 긍정적인 말을 소리 내어 말하는 순간 침체됐던 분위기는 사라지고, 몸도 마음도 활기를 되찾으며 모든 일이 놀랄 만큼 원활하게 진행된다. 그리고 당신을 바라보는 주위의 시선도 달라진다. 그리고 이런 것들이 쌓이고 쌓이다 보면 결국 인생도 말하는 대로 긍정적으로 바뀌게 된다.

"꾸준함은 무엇보다 강한 힘이 된다"라는 말이 있다. 말버릇의 위력도 습관으로 삼아 오래 계속할 때 한층 강력해진다. 이 책에서 제시하는 '하루 1분, 인생을 바꾸는 긍정의 주문'을 매일 소리 내어 읽고 일상의 여러 상황에 대입해서 말해보기 바란다. 그러다 보면 좀 더 마음에 드는 표현이 자연스럽게 눈에 들어올 것이다. 그것을 일상의 말버릇으로 삼길 바란다. 많이 말할수록 그 말대로의 현실이 펼쳐진다.

또 우연히 머리에 떠오른 멋진 말이나 책을 읽다가 얻은 감동적인 말 등은 기억해두었다가 말버릇 목록에 추가하기 바란다. 나 역시 나만의 사전을 만든다는 생각으로 방대한 말을 저장해왔다. 그것을 뇌 속에 쌓아두었다가 필요할 때 가장 효과적이라고 생각하는 것을 꺼내 사용한다.

그리고 주위 사람들에게도 늘 좋은 말을 많이 해주길 권한다. 결국 말의 은혜를 받는 대상은 그 누구도 아닌 그 말을 한 당신 자신이기 때문이다.

'좋은 말을 사용하면 기분도 인생도 좋아진다.'
이 말을 진심으로 믿고 사람들에게 그리고 자기 스스로에게 열심히 이야기할 수 있다면 당신은 이미 성공적인 인생을 살고 있는 것이다.

특별 부록

하루 1분,
인생을 바꾸는
긍정의 주문

1일
오늘 하루도
행복해야지!

2일
괜찮아,
다 잘될 거야!

3일
오늘 하루도
좋은 일이 참 많았어.

4일
모든 건
잘되게 돼 있어!

5일

내 미래는
언제나 밝을 거야!

6일

난 뭐든지
이룰 수 있다!

7일

반드시
해내고야 말겠어!

8일

나는 모두에게
사랑받고 있어.

9일
나는 내 얼굴이
이 세상에서
가장 맘에 든다.

10일
나는 이 세상
누구보다 소중해.

11일
나는 충분히
멋진 사람이야.

12일
이번 일은
반드시 성공할 거야.

13일

나이는 숫자에
불과할 뿐이야.

14일

모든 일이
술술 잘 풀려!

15일

나는 이 세상에서
가장 좋은
여자(남자)야.

16일

걱정 마.
반드시 해결될 거야.

17일
아무 문제없어.
난 아무렇지도 않아.

18일
아무려면 어때!

19일
나는 매일 조금씩
나아지고 있다.

20일
어떻게든 되겠지.
될 대로 되라.

21일
살아 있는 이 순간이
난 너무 행복해!

22일
오늘 하루도
행복했습니다.

23일
나에게
불가능은 없어.

24일
하루하루가 유쾌해!

25일
고마워, 사랑해,
행복해.

26일
일단 한번
해보는 거야!

27일
당신과 함께 있으면
기분이 좋아져.

28일
나는 행복한 부자가
될 거야.

29일

내일은 오늘보다
더 좋은 날이
될 거야!

30일

내가 못할 일은
아무것도 없어.

31일

내 선택은 틀림없어!

32일

잘했어!
조금만 더 힘을 내!

33일
내 인생의
가장 큰 행운은
당신을 만난 거야.

34일
오늘도
최고의 하루가
될 거야!

35일
난 네가
정말 자랑스러워!

36일
이 세상에
내가 이루지 못할 건
아무것도 없다.

37일
내 꿈은 반드시
이뤄질 거야.

38일
뭐가 문제야?
어렵지 않아!

39일
난 뭐든지 할 수 있어!

40일
난 내 선택을 믿어!

41일
난 내 선택을
후회하지 않아.

42일
항상
좋은 생각만 하자!

43일
그래, 한번
시작해볼까?

44일
매 순간순간이
난 너무 즐거워!

45일
사랑해, 사랑해,
사랑해.

내가 직접 만드는
긍정의 주문

포기하고 싶을 때 자신감을 주는 주문

힘들고 지칠 때 위로가 되는 주문

마음이 불행할 때 행복을 부르는 주문

내뱉고 후회하는 말버릇 바꾸기

초판 1쇄 발행 2015년 10월 27일
초판 9쇄 발행 2019년 7월 10일

지은이 사토 도미오
옮긴이 김정환
펴낸이 이종근

편집총괄 은영미 **편집** 유라미 **디자인** 박보희
마케팅 황호진 **경영관리** 정윤주

펴낸곳 나라원 **출판등록** 1988. 4. 25(제300-1988-64호)
주소 서울 종로구 종로53길 27(창신동) 나라원빌딩 (우. 03105)
전화 02)744-8411 **팩스** 02)745-4399
홈페이지 www.narawon.co.kr **이메일** narawon@narawon.co.kr

ISBN 978-89-7034-239-9 (13320)

- 잘못 만들어진 책은 구입하신 서점에서 교환해드립니다.
- 책값은 뒤표지에 있습니다.